KB073509

세 명의 사기꾼

모세·예수·마호메트

✡ † ☪

세 명의 사기꾼
모세·예수·마호메트

Traité des Trois Imposteurs
Moïse Jésus Mahomet

스피노자의 정신 지음
성귀수 옮김

arte

＊ 일러두기

이 책은 1712년 네덜란드 로테르담에서 최초로 서적 형태로 출간된 후, 1721년 재판을 찍으면서 좀더 치밀하게 수정 보완한 텍스트를 한국어로 옮겼다.

1) 옮긴이주는 ＊기호로 각주 표기했으며,
2) 원주는 ˮ밑줄로 본문 내에 표기했다.
3) 출처는 숫자 1, 2, 3 … 표기로 미주에서 해당 내용의 인용 문헌을 밝혔다.
4) 외국 인명, 지명 등의 외래어 표기는 국립국어원의 국어사전, 외래어 표기법, 외래어 용례집을 준용하고, 네이버 라틴어사전, 두산백과사전, 위키피디아, 브리태니커백과사전 등을 참고해서 표기했다.
5) 그리스·로마 신화의 등장인물의 표기는 맥락에 따라 그리스식 표기와 라틴어식 표기를 적용했다.

아주 충실한 붓이 아니라면
저 유명한 스피노자의 모습을 그려낼 수는 없을 터,
사람의 지혜가 영원불멸하거늘
그 저술 역시 결코 스러짐이 없으리.

차례

※　옮긴이 해설[*]　※

세계 3대 종교에 직격탄을 날린
악명 높은 괴문헌

　때는 17세기 말. "사상(思想)도 얼어버린다"는 북구의 나라 스웨덴 스톡홀름 궁전에서는 당대 제일의 지성적인 군주로 유명한 크리스티나 여왕이 이제나저제나 희소식이 당도하기를

---

[*]　이 책을 프랑스에서 처음 발견한 2001년 그 순간이 떠오른다. 지금은 10여 종이 나와 인기리에 유통 중이나, 당시만 해도 '막스 밀로'라는 작은 신생 출판사에서 갓 나온 단 하나의 판본만이 서점 한 구석을 조용히 지키고 있었다. 첫 장을 펼쳐본즉 과연 '보물'이었고, '보물'은 무조건 내 나라의 언어로 이식하는 것이 여태 버리지 못하는 역자의 버릇이다. 서구역사상 무신론의 효시로 악명 높은 이 문헌은 그렇게 2005년 국내 처음 번역, 소개되었는데 한동안 인문학 베스트셀러 1위를 기록할 정도로 많은 사랑을 받았다. 그 후 2011년 둥지를 옮겨 다시 출간되었고, 2017년 또다시 새롭게 단장하여 독자 곁을 찾아간다. '보물'은 묻혔을 때 신비롭고, 발굴되어서 빛나며, 두루 사랑받음으로써 소중한 법이다. 그렇기에 책의 진가를 놓치지 않는 편집자와 독자는 언제나 경애(敬愛)의 대상이다. 뜨거운 박수를 보낸다.

기다리고 있었다. 이미 데카르트를 개인교수로 초빙할 만큼 학예와 철학에 조예가 깊은 여왕으로서는, 근래 들어와 부쩍 유럽 전역을 들쑤시듯 떠돌고 있는 흉흉한 괴소문에 여간 호기심이 쏠리는 게 아니었다. 도무지 진원(震源)이 파악되지 않는 괴소문은 어느 정체불명의 문헌에 관한 것이었다. 당시까지만 해도 서슬 시퍼런 검열을 피해 오로지 수사본(手寫本) 형태로만, 그것도 유럽의 극히 제한된 지식인 그룹을 중심으로 웬 끔찍한 내용의 문헌이 급속도로 퍼져 나가고 있다는 얘기였다. 이에 크리스티나 여왕은 문제의 수사본을 단 한 부라도 구해 가져오는 사람에게 지위 고하를 막론하고 거금 3만 리브르를 지불하겠다는 약조를 내걸었다. 하지만 소문만 무성할 뿐, 누구 하나 "여기 대령했나이다" 하며 시원스레 고해오는 자가 없다. 결국 그토록 손에 넣고 싶었던 괴문헌과의 인연은, 여왕이 사촌오빠에게 왕위를 이양하고 로마로 영구 이주해 순수한 문예애호가로 생을 마치는 1689년까지 결실을 맺지 못하고 만다. 그로부터 23년이 지난 1712년, 자유의 나라 네덜란드 로테르담에서 사상 최초로 문제의 수사본이 정식 서적으로 출간되는데, 그 부수는 모두 합해 고작 일흔 권. 21세기의 독자인 당신이 손에 쥐고 있는 지금 이 책은 다시 그로부터 9년이 더 지난 1721년 재판을 찍으면서 몇 가지를 좀더 치밀하게 수정, 보완한 텍스트이니 그 감회가 특별해도 괜찮지 않을까 싶다!

세 명의 사기꾼

17세기 말 유럽의 사상적 분위기는 강력한 절대왕정의 살벌한 눈초리를 피해 계몽주의 기치를 높이 세울 다음 세기를 준비하느라, 이른바 자유사상가(Libertins)들의 치열한 암중모색으로 한껏 달궈져 있었다. 아직도 툭하면 파문과 투옥, 고문이 맘먹듯 저질러지고 있는 상황을 고려할 때, 두툼한 철학서나 정치논문보다 얄팍하지만 예리하고 도발적인 수사본이 이들한테 훨씬 효과적인 매체로 애용되었으리라는 점은 이해하기 어렵지 않다. 굳이 출판에 기댈 필요가 없기에 검열을 피할수 있다는 장점과 함께, 한정된 부수만이 일부 선택된 지식인들 사이에서 유통된다는 점은, 수사본을 접하는 사람들을 정예화하는 실질적 효과로 이어졌을 것이다. 특히 1690년부터 1760년 사이에 극에 달했던 수사본의 비밀 유통 건수 중에서도 이른바 지하(地下) 수사본의 제왕이라 할 만큼 악명 높았던 사례가 있었으니, 바로 저 크리스티나 여왕의 애간장을 타게 했던 「세 명의 사기꾼론(論)(Traité des Trois Imposteurs)」이라는 문헌이 그것이다. 이 문헌이 수수께끼인 점은, 유명도에 비해 누구도 직접 읽어보았다거나 소장하고 있다며 나서는 사람이 없을 뿐 아니라, 과연 집필은 누가 한 것인지 무수한 설(說)만 난무할 뿐 정체가 확인되지 않는다는 사실이었다. 더군다나 당시 통념으로 볼 때, 지독하리만치 끔찍한 신성모독과 엄청나게 전복적인 내용을 담고 있다 하니…… 사실 저 '세 명의 사기꾼론'이라는 것도 명확히 규명된 제목이라기보다는, 17세기 초부터 항간에 떠돌던 일련의 독신적(瀆神的) 논의를 토대로 상정한 문안(文案)에 지나지 않으며, 그것이 처음 책으로 엮어진 1712년 정작 표지에 새겨진 제목은 『스피노자의 정신(L'Esprit de M. Benoit de Spinoza)』이었다. 즉 '세 명의 사기꾼'이란 제목은 책이 정식 활자화되기 이전부터 일정한 내용과 더불어 소문 속에서만 존재하던 괴이한 수사본들에 널리 갖다 붙여진 속칭(俗稱)인 셈이며, 그것이 최초로 책이 되어 나오면서 비로소 『스피노자의 정신』이라는 표제를 달았다는 얘기다. 왜 하필 그런 제목이었는지는 차차 설명하겠지만, 일단 베일에 가려진 저자가 진정 누구냐에 대해서는—스피노자를 포함해—오늘날까지도 온갖 추측과 연구가 진행되는 상황이다.

소문 속의 수사본이었던 때를 포함해 책으로 엮어져 나온 후까지, 추측된 저자 목록에 오르내린 이름들만 대충 살펴봐도 이 괴문헌이 얼마나 많은 논란과 스캔들의 중심에 있었는지를 얼추 가늠할 수 있다. 우선 저 먼 12세기로 거슬러 올라가, 아리스토텔레스에 관한 방대하고도 충격적인 주석서를 집필해 서구 유럽에 길이 악명을 떨친 이슬람 종교철학자 이븐루슈드(일명 아베로에스, 1126-1198)를 필두로 해서, 교황으로부터 세 차례나 파문당할 만큼 알력이 심했던 프리드리히 2세(1194-1250)가 거론되는가 하면, 이 신성로마 황제 프리드리히 2세 말

고, 18세기 초 프로이센의 프리드리히 2세 대왕도 문헌의 저자
로 추정된 적이 있었다. 하지만 그가 태어난 해가 책의 출간연
도(1712년)임을 감안할 때 이 추측은 그다지 신빙성이 있는 것
이 아니었다.

13세기의 유명한 연금술사였던 아르노 드 빌뇌브(1240-
1311), 심지어 보카치오나 에라스뮈스, 마키아벨리까지 명단에
올랐으며, 르네상스기의 대표적 아리스토텔레스주의자인 폼
포나치(1462-1525), 마찬가지 르네상스기의 이탈리아 수학자이
자 광인천재인 카르다노(1501-1576), 에스파냐 출신의 신학자이
자 의사인 세르베투스(1511?-1553), 무슬림과의 화해를 주장하
다 투옥되기도 한 프랑스 출신 인문주의자 기욤 포스텔(1510-
1581), 이탈리아 출신으로 범신론적 인문주의를 주창한 조르다
노 브루노(1548-1600), 역시 이탈리아의 철학자 캄파넬라(1568-
1639), 마찬가지 이탈리아 출신으로 전 유럽을 순회하며 무신
론 강연을 펼친 자연철학자 바니니(1585-1619), 그리고 마침내
스피노자에 이르기까지. 그 이름들 중에는 투옥 내지는 추방,
심지어 화형(火刑)까지 당한 경우가 숱하게 확인될 정도다. 그
만큼 파격적이고 위험한 내용을 담고 있다는 뜻일 터. 아니나
다를까, 처음 책이 출간된 이후 1768년까지 오리지널 텍스트
에 여러 차례 수정과 조작이 가해지면서 판을 거듭할 때마다
파리의 서적상들은 당국으로부터 떨어지는 추상같은 검거령

에 늘 시달려야만 했다고 한다.

이 책의 주요 골자만을 중심으로 내용을 짚어본다면 다음과 같은 그림을 그릴 수가 있을 것이다.

세상의 모든 종교 그중에서도 특히 3대 종교는 대중의 무지에 기대어 완전한 허구를 바탕으로 축조된 체제다. 세상의 권력자는 눈에 보이지 않는 초월적 존재(=신)를 내세우고, 그 앞에 민중의 복종을 강요함으로써 자신들의 입지를 세우고 유지한다. 당연히 이를 타파하기 위해서는 미몽으로부터 깨어나는 게 급선무인데, 그러자면 우선 신의 개념을 명확히 정립해야 한다. 신이란, 한마디로 자연이나 마찬가지다. 우리는 신을 마치 인간처럼 어떤 욕망과 목적을 추구하는 존재로 보기에, 그와 같은 진실을 제대로 보지 못한다. 자연에는 필연성만 있을 뿐 어떤 목적성도 존재하지 않으며, 이는 곧 신의 속성과 일치한다. 결국 선악이라는 개념도 신의 속성에 대한 잘못된 오해에서 비롯했을 따름이다. 기존의 종교란 상상의 질환일 뿐이며, 대중을 호도하기 위한 사기술에 다름 아니다.

17, 18세기의 관점에서 볼 땐, 가히 '직격탄'이라 할 만큼 충격적인 내용이 아닐 수 없다. 이 책의 숨겨진 저자는 이런 논리를 펴나가기 위해 실제로 스피노자의 사유에 많은 부분을 기

대고 있다. 예컨대 책의 제1장과 2장 그리고 18장에는 스피노
자의 『신학정치론(Tractatus Theologico-Politicus)』의 처음 두 개
장과 『에티카(Ethica)』의 제1부 부록, 그리고 마찬가지 제1부의
정리 15 중 '주석'의 내용이 거의 그대로 인용되어 있음을 알
수 있다. 그러면서도 모세에 대한 지나친 폄훼라든가, 구세주
의 소명을 무시로 일관하는 점, 예언에 대한 관점 등에서 수수
께끼의 저자와 스피노자 사이에는 뛰어넘을 수 없는 거리가 존
재한다는 것이 여태까지의 연구결과다. 말하자면 이 문헌의 베
일에 싸인 주인공은 스피노자의 저작에 익숙할지언정, 그 사
유의 골간(骨幹), 전개의 맥락을 온전히 따른다고는 볼 수 없다
는 얘기다. 하물며 문헌의 저자가 곧 스피노자라는 설은 하나
의 설에 불과하며, 사실 '누구누구의 정신[L'Esprit de]'이라는
제목 자체도 그 당시에 흔히 사용되는 표제형식에 지나지 않
았다고 한다. 다만 이 책, 아니 이 책의 근간이랄 수 있는 '세 명
의 사기꾼'에 관한 논의가, 계몽주의를 바라보는 시대상황 속
에서 종교의 아성(牙城)에 직격탄을 날려, 인간 정신을 단번에
각성시키고 자유롭게 해방하는 일에 집중되어 있다는 점에서,
스피노자 사상과의 접점을 찾아볼 수는 있을 것이다.

　이 희귀한 문헌을 오늘의 국내 독자에게 소개하면서 나름
의 뿌듯함과 더불어, 실은 다소 불안한 마음이 앞서기도 한다.

원저 그대로 따온 '머리말'에도 표명되어 있듯이, 이 책에 담겨 있는 논의들이 워낙에 과격한 신성모독과 불경(不敬)의 경지를 제멋대로 넘나들기 때문이다. 아마 독실한 기독교(혹은 회교) 신자가 꼭 아니더라도 그 거침없는 독설에 다소 질색을 하게 될지 모른다. 어쩌면 소개를 하는 역자에게 돌을 던지고 싶을지도 모르겠다. 그럼에도 불구하고 이를 들고 나온 데에는 정확히 두 가지 점에 의미를 두기 때문이다.

우선 이 책이 가지고 있는, 누구도 부인하기 어려운 역사적, 문헌적 가치다. 프랑스 막스 밀로(Max Milo) 출판사에서 나온 이 책을 처음 발견하자마자 곧장 빠져들었고, 본격적으로 번역, 소개할 준비를 하는 동안, 이 문헌이 전문가들 사이에서 얼마나 빈번히 회자되고 또 그만큼 논란을 유발해온 사료(史料)인가를 조금이나마 깨닫게 되었다. 이 문헌을 통해서 우리는, 17세기 말 고전지식에 바탕을 둔 자유사상(Libertinage)의 흐름이 18세기 말 급진적 계몽주의에 이르기까지 얼마나 힘차고 끈질기게 이어졌는지를 단적으로 살펴볼 수 있다. 아울러 지금으로부터 300여 년 전의 사상적 자유가 현재의 그것에 비해 그다지 못할 바 없다는 사실을 확인하는 즐거움도 각별할 것이다.

아울러 (이건 다소 도발적인 생각이지만) 지금도 자신의 종교만이 특별하고 우선한다는 망상에 사로잡혀 종교의 참뜻이 무색

하도록 온갖 추태와 무리를 자행하는 일부 광신자들……. 그
들에게 이 책이 혹여 따가운 일침이 되어준다면 얼마나 다행일
까 하는 마음이다. 그들에게 부족한 것은 합리이자 똘레랑스
(Tolerance)요, 넘치는 것은 몽매와 아집이다. 이 책은 오랜 고대
문물과 세상의 여러 역사, 관습들로 시야를 넓힘으로써 다양
한 종교적 입장들의 평준화를 고수한다. 그 실제적인 지향점이
무신론인지 범신론인지는 제쳐두고, 일단 너와 나의 종교가 다
르지 않고, 그 다르지 않음 가운데에서 진정한 신을 찾는 바람
직한 태도는 이와 같은 평준화의 용기로부터 시작되는 것이 아
닌가 싶다.

　오늘의 종교적 관점으로 볼 때, 분명 이 책에는 기발하되
불경스러운 착상이 있는 만큼 단순하기에 과도하게 나아갈 수
있었을 논의들도 종종 발견된다. 하지만 오래전부터 그와 같은
논의와 착상들이 끊임없이 출몰해왔기에 오늘과 같은 종교의
단단한 자리매김이 가능한 것이며, 정교하게 발달된 작금의 모
든 종교적 교리(敎理) 역시 따지고 보면 그처럼 까탈스러운 도
전들에 일일이 응전(應戰)하는 가운데 하나하나 갖춰진 것임을
잊어서는 안 될 것이다. 그런 점에서 이 책은 끔찍한 제목에도
불구하고, 성실한 신앙을 가진 사람에게도 좋은 공부자료가
되어주리라 확신한다.

　지금도 지구촌 한 구석에는 종교전쟁 아닌 종교전쟁으로

포연(砲煙)과 비명, 피비린내가 가실 줄 모르고 있다. 기독교도와 무슬림, 거기에 유대교도가 끼어서 각축하는 그곳은 더 이상 잠재적 화약고가 아니라, 화산활동이 중단되지 않는 활화산 지대로 비쳐지고 있다. 공교롭게도 이 책에서는 그 세 종교 모두 허구에 기반함을 꼬집고 있다. 이 문헌의 한국어 번역판을 내면서, 저들이 제발 상대는커녕 자신들의 종교만이라도 제대로 존중하고, 부디 그 계율에 충실해주었으면 하는 바람을 가져본다.

2017년 8월

성귀수

　왕성한 지성을 지닌 사람들이 볼 때, 종교를 비방할 보다 그럴듯한 구실이 되어주는 것으로, 그 종교를 옹호하는 자들의 행태만한 것도 아마 없을 것이다. 이들은 종교적 반론들에 대해 한편으로는 극단적인 무시의 태도로 일관하는가 하면, 다른 한편으로는 그처럼 무시할 만한 반론들이 담긴 책자들을 아예 없애버리도록 더할 나위 없이 호들갑스럽게 요청한다.

　솔직히 이러한 행동방식은 자기들이 옹호하는 입장에 외려 해가 될 뿐이다. 정녕 그들이 종교의 정당성에 확신을 가지고 있다면, 그렇게 억지스럽게 옹호하면서까지 그것이 무너져내릴까봐 걱정하겠는가? 과연 자기들이 몸 바쳐 수호하는 진실에 대한 강력한 신념으로 충만하다면, 그따위 거짓 특권이나 옳지 않은 방법을 사용하여 그 당위성을 떨치려 하겠는가 말이다. 그보다는 오로지 진실 자체의 힘에만 의존하려 하지 않을까? 아울러 승리를 확신하기에, 오류에 맞서는 정정당당한 싸움에 기꺼이 나서지 않겠는가? 쌍방이 내세우는 논리를 누구나 나란히 비교해서, 어느 쪽이 우세한지 판단해볼 수 있도록 자유롭게 기회를 베푸는 것을 굳이 꺼릴 필요가 있을까? 그러한 기회마저 묵살한다는 것은 어느 쪽이든 논리적인 사고 자체를 두려워하고, 그 사고의 오류를 짚어내기보다는 사고 자체를 아예 압살해버리는 게 상책이라는 입장을 스스로 드러내는 형국이 아니겠는가?

그러나 진실에 반발하여 극단적으로 써 내려간 저작을 출판하는 행위가 진실을 해치기는커녕 오히려 그 진가를 더욱 빛내준다고 해도, 『스피노자의 정신(L'Esprit de monsieur Benoit de Spinoza)』 같은 작품을 세상에 내놓음으로써 예상되는 반발의 격랑에 맞설 생각은 감히 그 누구도 못하고 있었다.

현재 이 저작의 출판 부수는 극히 미미한 수준이라서, 수사본 상태였을 때와 비교해도 직접 구경할 수 있는 기회가 그리 흔해졌다고 볼 수 없다.

따라서 가능한 한 책의 내용에 대해 반박할 능력과 학식을 갖춘 몇몇 사람들에게나마 이 얼마 안 되는 책이 골고루 돌아가도록 심혈을 기울이려고 한다. 의심의 여지없이 그들은 이 끔찍한 책의 저자가 누구인지 악착같이 추적할 것이며, 저자를 추종하는 일파의 궤변이 근거하고 있는 스피노자의 불경스런 사상체계를 그 꼭대기부터 밑바닥까지 발칵 뒤집어엎으려 들 것이다. 바로 그것이, 자유사상가들을 단번에 호릴 만한 논의들로 득실거리는 이 저작을 세상에 내놓는 목적이다.

혹시라도 손쉬운 평판을 노리느라 일부 난해한 대목을 완화시켰다고 할까봐, 우리는 원본에서 전혀 윤색이나 가감 없이 이 책을 출간하는 바이다. 독자들이 질색하면서 읽게 될 이 책 속의 온갖 신성모독과 모략, 무지막지한 불경과 허위는 그 자체로 논박의 여지를 드러낼지는 모르되, 불경스러움은 물론 터무니없는 발상 면에서 이를 능가하는 사람들의 정신만을 혼란에 빠뜨릴 수 있을 것이다.

※   필경사의 후기   ※

바루크(Baruch) 혹은 브누아 드 스피노자(Benoit de Spinoza, 1632-1677)는 종교에 관해 그 자신이 제기한 주장과 그 독특한 감각에 비하여 너무나도 불명예스러운 오명을 지니고 있다. 따라서 그에 관해 무언가를 쓰려고 할 때는, 마치 무슨 죄라도 저지르는 양 극도로 주의하고 조심하면서 글쓴이의 정체를 숨겨야만 한다. 하지만 우리는 이 책이 전반부는 그 인물의 생애를, 후반부는 그의 사상을 다룬 원본을 그대로 필사한 것임을 굳이 숨기진 않을 작정이다.*

사실 원본의 저자에 관해서는, 틀림없이 스피노자 추종자 중 한 사람일 것이라는 점을 제외하고는 전혀 알려진 바가 없다. 다만 몇 가지 추측을 통해 단서를 짚어본다면, 아마도 이

---

*   해설에 언급했듯이 이 문헌은 다양한 형태의 수사본으로 암암리에 유통되어오다가 1712년 처음 서적으로 출간되었고, 1721년 내용을 수정 보완하여 출판한 판본이 전해지고 있다. '필경사의 후기'의 이 설명과 본문의 체제상 차이는 그런 사정에 연유한다.

저작 전체가 지금은 고인이 되었지만 그 정신적 정수와 삶의 태도, 품성 등으로 너무도 유명한 루카스[*] 선생의 작품이 아닐까 추정해보게 된다.

　어쨌든 이 작품은 탁월한 지성을 갖춘 사람들의 탐구욕을 불러일으키기에 충분할 만큼 희소가치가 높다. 오로지 그 이유 때문에 본인도 이렇게 고생해서 필사본을 만든 것이다. 이상으로 책을 내는 우리의 목적을 밝히면서, 그에 관한 적절한 사색과 연구 작업은 다른 분들의 수고에 기대기로 한다.

---

[*]　Jan Maximiliaan Lucas(1647-1697). 네덜란드의 인쇄 및 출판업자. 권력자들과의 잦은 마찰로 수형생활을 거듭하면서 출판 및 문필활동에 종사. 『스피노자의 삶』을 펴냈으며 『세 명의 사기꾼』의 저자로 추정되는 사람 중 한 명으로 거론된다.

제1장

신(神)에
대하여

§. 1.

진실은 모든 사람에게 중요하지만, 정작 진실을 아는 사람은 극소수에 불과하다. 왜냐면 대부분의 사람들은 스스로 진실을 탐색할 능력이 없다고 믿거나, 아예 그런 노력을 기울일 생각조차 없기 때문이다. 따라서 이 세상이 우스꽝스럽고 부질없는 견해들로 득실거린다 한들, 어차피 그런 것들이 풍미하는 게 다 무지(無知) 때문인 바, 하나도 놀랄 일이 아니다. 실제로 신성(神性)이나 영혼, 정신과 관련한 잘못된 생각과 그로부터 초래되는 온갖 오류들의 근원에는 다름 아닌 무지가 자리하고 있는 것이다. 자고로 날 때부터 지녀온 선입관에 안주하고 돈으로 사람을 움직여 일련의 고정관념을 옹호함으로써, 결국 그것이 진실이든 거짓이든 무조건 대중에게 설파하고자 하는 게 요즘 만연하는 관례요, 추세라 하겠다.

§. 2.

돌이킬 수 없는 악행이란, 신에 대한 판에 박힌 관념들을

차곡차곡 모으되, 그것을 면밀히 검토해보지도 않고, 곧이곧
대로 믿게끔 대중에게 주입한다는 데 있다. 아울러 그렇게 함
으로써, 자신들이 빠져 있는 오류를 바로 보게 해줄지도 모를
진정한 식자(識者)들에게 지레 무조건적인 반감부터 갖도록 할
수 있다는 점도 문제다. 이와 같은 얼토당토않은 행태에 웬만
큼 이력이 붙은 자들은 이미 그 방면에서 괄목할 만한 성공을
거두었기 십상이라, 그들과 맞붙어 싸우기란 여간 위험한 일이
아니다. 그들에겐 대중이 무지하다는 사실이 워낙 중요한 터
라, 누군가 대중을 각성시킨다는 건 도저히 용납할 수 없는 일
이다. 따라서 그 누군가는 어떻게든 진실을 위장할 수밖에 없
으며, 그렇지 않을 경우엔 사이비 학자들과 이해 당사자들의
분노를 고스란히 감당해야만 한다.

§. 3.

만약 대중이 얼마나 깊은 무지의 수렁에 빠져 있는지 스스
로 깨달을 수 있다면, 자기들만의 특수한 이익을 위해 대중을
농락하고 있는 자들의 굴레를 과감하게 떨쳐버리고 말 것이다.
그러기 위해서는 누구든 자기 자신의 이성(理性)을 잘 이용하기
만 하면 된다. 그 힘을 적절히 발휘했는데도 진실을 발견하지
못할 수는 없다. 그러나 실제에서는, 대중이 이성을 활용하는
걸 방해하는 자들이 나서서, 마치 그 이성이 사람의 마음을 현

혹시켜 제멋대로 행동하게 만드는 그릇된 안내자라도 되는 듯,
사람의 발길을 낭떠러지로 이끄는 도깨비불이라도 되는 듯, 제
멋대로 호도하는 게 현실이다. 그렇게 이성을 탄핵하는 일을
업으로 삼은 자들이란, 그토록 이성을 공박하고 이성의 왜곡
을 주창하면서도, 바로 그 이성을 자기편으로 끌어들이고는
자기들 입장에 도전하는 자들을 반이성적이라며 죽어라고 몰
아붙인다.

결국 그런 식의 끊임없는 자기모순에 빠지는 통에, 그들이
진정 주장하는 바가 무엇인지를 알기는 그리 쉽지 않다. 다만
분명한 것은, 올곧은 이성만이 인간이 따라야 할 유일한 빛이
며, 대중이란 저들이 호도하는 대로 그렇게 자신의 이성을 활
용하지 못할 호락호락한 존재가 아니라는 사실이다. 저들이 대
중의 어설픈 사고를 부추기고 낡은 선입관을 주입하는 데 들
인 만큼의 노력을, 이제는 누군가 나서서 그 어설픈 사고를 바
로잡고 낡은 선입관을 깨뜨리는 일에 쏟아붓는다면, 대중은
차츰 눈을 떠 진실을 알게 될 것이며, 신이란 여태까지 상상해
오던 그런 존재가 결코 아님을 깨닫게 될 것이다.

§· 4·

요컨대 고도의 사색(思索)이랄지, 자연의 깊은 비밀을 꿰뚫
고 들어가는 것도 필요 없다. 신이란 결코 질투하지도, 분노하

지도 않는 존재임을 알아차리기 위해선 그저 약간의 상식만 있으면 된다. 정의와 자비 역시 저들이 신에게 제멋대로 부여한 거짓 특성임을 대중은 깨닫게 될 것이다. 그리하여 결국 예언자들과 사도들이 신에 대해 이야기한 내용 중 그 무엇도 신의 본질과 정수를 드러내지 못한다는 사실을 이해하게 될 것이다. 아무런 과장 없이 있는 그대로 말하자면, 그와 같은 문제들에서 예언자나 사도들이 세상의 나머지 다른 사람들보다 더 유능했거나 유식했던 것은 결단코 아니다. 그러기는커녕, 그들이 신에 대해 내뱉은 말들은 너무나 투박해서, 그것을 이해하려면 오히려 무지한 대중이 되는 게 불가피할 정도다. 이는 보나마나 뻔한 사실이다. 하지만 보다 실감나게 논의를 진행하기 위해, 혹시라도 그들에게 보통 사람들과 다른 일면이 있었는지 살펴보도록 하자.

§. 5.

태생이라든지 살면서 가졌던 생업으로 볼 때, 그들이 보통 인간 이상의 면모를 가지지 않았다는 점에는 다들 동의할 것이다. 그들 역시 남자와 여자 사이에서 태어났으며, 우리와 똑같은 방식으로 생계를 유지했다. 다만 그들의 정신만큼은 순간적인 영감을 통해 신이 인도하고 있었고, 그런 그들의 이해력이 우리보다 월등했다는 주장이다. 이쯤에서 대중에게는 뭔가를 맹목적으로 믿어버리는 경향이 있다는 점을 인정해야겠다. 그런 대중을 향해, 신이란 다른 보통 사람들보다 예언자들을 더욱 사랑하고, 그들과 특별하게 소통한다며 호들갑을 떨면, 결국 무슨 현상이 눈앞에 진짜 펼쳐지기라도 한 것처럼 대중은 그 말에 쉽게 설득당하고 마는 것이다. 그리하여 모든 인간은 서로 비슷하고, 모두가 평등한 하나의 원리를 가진다는 사실은 아랑곳하지 않은 채, 예언자들이란 뭔가 비범한 기질의 소유자들이며, 신의 말씀을 전달하기 위해 특별히 선택된 존재라고 믿어버린다. 하지만 그들이 정녕 보통 사람보다 더 나은 정신력을 가진 것도 아니요, 다른 사람들에 비해 완벽한 이해력의 소유자들도 아닐진대, 과연 그들이 남긴 글 속에서 우리가 무슨 특별한 것을 볼 것이며, 그들에 대한 기존의 견해를 누가 우리에게 강요한단 말인가? 그들이 내뱉은 말들 거의 대부분은 너무 모호해서 아무것도 이해할 수가 없으며 워낙에 뒤죽박죽 질서가 없어서 자기들 사이에서도 서로 소통이 안 되고, 각자 상당히 무지했다는 사실은 누구나 알고 있다. 그들에 대한 믿음의 빌미가 되어주는 것이 있다면, 그들이 대중에게 설파하는 모든 내용을 신으로부터 직접 전수받았노라고 호언장담을 했다는 사실 하나다. 정말이지 말도 안 되는, 우스꽝스런 믿음일 뿐이다. 그도 그럴 것이, 그들 자신의 입으로 고백하기를, 신이 오로지 꿈을 통해서만 자기들에게 얘기를 했다지 않은가. 한데 꿈이란 극히 자연스런 생리현상이며, 나아가 일종의 마비상태라는 점을 감안한다면, 그 속에서 신이 자기에게 말을 했다고 장담하는 사람이라면 터무니없는 허풍쟁이거나 아예 정신이 나간 자일 수밖에 없으며, 그 말을 곧이곧대로 믿는 사람 또한 너무 순진한 멍텅구리가 아니겠느냐는 말이다. 척 보면 뻔한 일인데도 불구하고, 굳이 꿈을 신탁으로 믿고 있으니. 설사 신이 꿈을 통해서, 혹은 환영이랄지 그 밖의 다른 방법을 통하여 어떤 누군가에게 말을 했다손 치더라도, 그것을 꼭 믿어야 한다는 법은 없는 것이다. 왜냐면 바로 그 누군가가 어떤 사기꾼에게 속았다거나 스스로 망상을 품었을지도, 그도 아니면 일부러 남을 속이려고 그러는 것일지도 모른다는 의혹이 가능하기 때문이다. 더구나 우리가 알기로, 옛 계율에서는 예언자들에게 오늘날과 같이 막대한 존경심을 품고 있지 않았다. 예컨대, 종종 합법적인 군주한테 바쳐야 마땅한 복종으로부터 눈길을 돌리게 만들 뿐인 그들의 장광설이 지겨워질 때, 사람들은 그들 예언자들에게 다양한 고통을 가해 입을 틀어막곤 했다. 예수 그리스도가 바로 그런 식으로 죽어간 셈인데, 그는 모세처럼 자신의 생각을 수호해줄 만한 휘하의 세력을 가지지 못했던 것이다. 〝모세는 율법에 거슬렀다는 이유로 한꺼번에 2만 4,000명의 사람들을 죽음으로 몰아넣은 바 있다.[1]

하나 더 덧붙이자면, 예언자들이란 저마다 자가당착의 발언을 하는 데 하도 익숙해서, 어떤 때는 무려 400명의 예언자들이 모였어도 그중 단 하나의 일치된 진실조차 찾을 수 없는 경우도 있었다. [»]「열왕기 상」(22장 6절)에서, 이스라엘의 임금 아합이 400명의 예언자들에게 상의했지만, 그들 모두의 예언이 제각각이었다.

그들이 예언을 하는 주목적은 대중으로 하여금 자기들만 은밀히 신과 접촉하고 있음을 믿게 하여, 이른바 가장 유명하다는 통치자의 법률과 마찬가지로, 자신들의 명성을 불멸의 것으로 만드는 데 있다. 비록 모세를 본받아 자신의 안전을 위한 대비책까지 갖추지 못한 자들에게서는 그 같은 속임수가 별로 큰 효과를 거두지 못했지만, 어쨌든 가장 그럴듯한 술책들이 항상 그런 목적에 동원된 것은 사실이다.

§. 6.

일단 여기까지 가정하고 나서, 소위 영감을 받은 자들과 예언자들이 신에 대해서 가지고 있는 생각들을 검토해보자. 그것들이 얼마나 조악하며 모순적인지를 보게 될 것이다. 그들의 말을 그대로 믿는다면, 신이란 인간과 비슷하게 생겼으며 인간은 신의 모습을 따서 만들어진 것이 된다. 인간과 마찬가지로, 신 역시 두 눈을 가지고 있으며, 두 귀와 콧구멍, 입술, 두 팔과 두 손, 두 발 그리고 심장과 내장을 가지고 있는 셈이다. 신은 인간과 똑같은 여러 감정들, 즉 사랑과 질투, 증오, 기쁨과 슬

픔, 고통과 희망, 두려움과 혐오감, 분노와 격정, 그리고 복수심 등을 가진다……. 이런 것만 봐도 그들의 생각이 얼마나 조잡한지 알 수 있다.

그런가 하면 이번엔 모순적인 측면이다. 그들은 신이란 그 어느 육적인 존재와도 닮지 않은 순수한 영(靈)이라고 말한다. 하지만 미가야[2]는 신이 앉아 있는 것을 목격하고, 다니엘[3]은 흰옷에 노인의 모습을 한 신을 알아보며, 에제키엘[4]은 마치 불꽃과도 같은 신의 현현과 맞닥뜨린다.

나중에는 성령에 이르기까지 육적인 형체로 보이지 않는 것이 하나도 없을 정도다. 세례 요한[5]은 비둘기 모양의 성령을 목격하고 있으며, 열두 사도[6]들은 불의 혀 모양으로 그것을 보지 않는가 말이다. 게다가 신에게 인간의 수족(手足)까지 부여하고는, 방금 살펴본 것처럼, 신이 자신의 모습을 따서 인간을 만들었으며, 그 형체가 똑같이 닮았다고 이야기한다.[7]

그러면서도 가르치기를, 신은 눈에 보이지 않으며,[8] 어떤 인간도 결코 두 눈으로 신을 볼 수 없고,[9] 살아서는 절대로 볼 수가 없다고 한다.[10]

하지만 야곱,[11] 욥,[12] 모세,[13] 아론, 나답, 아비후, 이스라엘 장로 70인, 마노아[14]와 그의 아내 그리고 대부분의 예언자들과 그 밖의 수많은 인간들이 살아생전 신을 목격했다. 또 다른 사람들은 저 세상에 가서 신을 볼 것이고,[15] 우리는 결국 신과 마주한 채[16] 그와 비슷하게 되면서,[17] 있는 그대로의 신의 모습을 목격하게 될 것이다.

어떤 때는 이르기를, 신은 선하며, 온화하고, 자애로운데다가, 다정하고, 동정심도 많으며, 너그럽고, 자비로우면서, 인내심도 깊고, 사악한 자의 회개를 바랄 뿐, 그 죽음을 달가워하는 분이 아니라고 한다.[18]

하지만 다른 때엔 또 이렇게 이른다. 신은 준엄하며, 무시무시하고, 가혹하면서, 모든 걸 삼키는 불길이라고. 신은 사악한 자들을 멸하는 데 재미를 느끼는가 하면[19] 이들의 불행을 조롱하고 비웃으며, 이들의 절규에도 모른 척 아무런 대답도 해주지 않는다[20]고 말이다. 「창세기」에서는[21] 인간이 죄를 통제하는 선행의 주인처럼 묘사되고 있는 데 반해, 사도 바울[22]은 정반대로 인간을 고유의 기품 하나 가지지 못한, 욕망의 완전한 노리개로 가르친다. 「출애굽기」에서는,[23] 신이 조상의 죄를 자손 4대에 걸쳐 벌한다고 되어 있는 반면, 「에제키엘」에서는[24] 아비의 잘못을 결코 그 아들에게 묻지 않는다고 하고 있다.

「민수기」에도 그런 얘기가 있지만,[25] 더 나중에 사무엘이 이르기를,[26] 신은 결코 식언(食言)하거나 후회하지 않는다고 한 반면, 예레미아[27]와 요엘[28]은, 어떤 왕국과 백성에게 가하기로 한 해악과 베풀기로 한 은혜를 도로 거두거나 돌이키고. 이미 벌한 것조차 나중에 후회하는 존재가 곧 신이라고 말한다.

나아가 신은 인간을 만든 것이나[29] 사울을 임금으로 세운 것[30]을 후회한 적이 있으며, 니느웨 백성들에게 내리려던 재앙을 도중에서 물린 적도 있다.[31]

이상이 바로 꿈이라든지 영감, 황홀경, 비전, 계시 같은 것들에 사로잡힌 사람들이 신에 대하여 갖고 있는 소견들이다. 저들은 그런 것들을 우리가 믿었으면 하고 바란다. 하지만 그런 모순덩어리들을 온전히 믿으려면, 모세의 가르침에도 불구하고, 황소가 자기들을 이집트로부터 구해낸 신이라고 믿었던 자들처럼 어리석고 아둔해야 할 것이다.

노예근성 속에서 미신에 사로잡혀 성장한 사람들의 잠꼬대 같은 몽상은 이쯤에서 접어두고, 이제 우리는 지금까지의 논의를 마무리하는 뜻에서 다음과 같은 결론을 내리도록 하자. 무지가 바로 거짓에 대한 섣부른 믿음을 초래하는 것이며, 그로부터 오늘 이 시대를 지배하는 모든 오류들이 생겨났다.

제2장

인간에게 보이지 않는 존재, 혹은 흔히들 신이라 부르는 존재를 상상하게 만드는 요인들

§. I.

물리적인 원인들에 무지한 사람들은 자연에 대해 어떤 두려움을 갖기 마련이다. 이는 자신이 어디에 있는 건지, 혹은 어떤 힘이 자기를 해칠지 도와줄지를 잘 모르기 때문에 생기는 두려움이다. 그로부터 눈에 보이지 않는 존재를 상상하는 경향이 움트는 데, 이를테면 위협에 직면했을 땐 도움을 호소하고, 번영을 구가할 땐 칭송을 바치기 위한 자신만의 허깨비들, 즉 신들을 만들어내는 것이다.

자고로 인간의 망상이란 끝이 없는 법이기에 사람들은 수많은 신을 이리저리 만들어왔고, 자신들이 선을 행하는지 악을 행하는지에 따라 때론 호의적이고, 때론 악의적인 신들의 태도를 가늠했다.

예를 들어 태풍이나 가뭄, 페스트나 그와 유사한 재난 등 자연현상으로부터 피해를 입을 때마다, 인간은 그 모든 것이 신을 노하게 한 자신들의 잘못 때문에 발생했다고 철석같이 믿어온 것이다.

이처럼 눈에 보이지 않는 힘들에 대한 망상에 젖은 공포심이 저마다 제멋대로 꾸며낸 여러 종교의 씨앗인 셈이다. 그와 같은 대중의 공포심을 중시하는 정치가들일수록 인간과 신의 계율, 즉 자기들 신분의 근간을 이루는 법이 훼손되었을 때 특별히 무서운 보복을 가하는 신들을 신앙의 대상으로 옹립했다. 끔찍한 미래에 대한 공포심을 자극함으로써, 자기들이 다스리는 대중을 맹목적으로 굴종하게끔 만든 것이다.

§. 2.

일단 신들이 옹립되자, 사람들은 신들이 자기들과 닮았으며, 자기들과 마찬가지로 어떤 목적을 위해 모든 것을 행한다고 믿기 시작했다. 그러니까 지금도 하나같이, 신은 인간을 위해서만 무언가를 행하며, 인간 또한 마찬가지거니와, 인간이 신을 위해서 만들어졌을 뿐이라고 호들갑을 떠는 것이다.

이 같은 선입관은 아주 보편적인데, 도대체 왜 사람들은 이런 생각을 그토록 고집스레 신봉하는 것일까. 이제 그 이유를 알아보고, 사람들이 그것을 토대로 선과 악, 공적(功績)과 과오(過誤), 칭찬과 수치, 질서와 혼돈, 미(美)와 추(醜) 등등의 개념을 구축해왔음을 밝히고자 한다.

§. 3.

지금은 인간 정신의 본질에 대한 개념 같은 것을 추론할 자리가 아니다. 그보다는 우리의 계획으로 볼 때, 이 세상 누구도 부정할 수 없는 하나의 원칙을 논의의 단단한 토대로서 확립하는 것만으로 족할 것이다. 그 원칙이란, 세상 모든 인간은 사물의 근본 이치에 대해 완전한 무지상태에서 태어나며, 오로지 아는 것이라고는, 자기한테 해가 되는 것은 피하고 이롭고 편한 것은 추구하고자 하는 자연스런 성향만을 갖고 있다는 점이다.

그로 인해 우선적으로 따라 나오는 결론은, 인간이 자기 스스로 무언가를 원하거나 바랄 수 있다고 느끼고, 단지 그렇게 하는 것만으로도 자유로운 존재가 될 수 있다고 잘못 상상한다는 사실이다. 이는 자신으로 하여금 뭔가를 원하거나 바라게 만드는 원인에 대해 전혀 고민하지 않기 때문에 더 빠지기 쉬운 오류이며, 그럴수록 꿈에서조차 그런 고민을 할 생각은 결코 하지 못한다.

그 다음으로 따라 나오는 결론은, 인간들이란 무엇보다 맘에 드는 목적을 위해서밖에는 이 무 것도 행하지 않으면서도, 자기들 행위의 궁극적인 원인을 알고자 한다는 사실이다. 그리하여 그걸 알게 되면 아주 만족하고, 그 이상을 찾으려 하지 않으며, 이제는 의심할 아무런 이유가 없다고 쉽게 단정해버린다.

아울러 자신의 안과 밖에서 바라는 모든 것에 도달할 수 있는 무수한 방법들, 예컨대 보기 위한 눈과 듣기 위한 귀, 말하기 위한 혀와 씹기 위한 치아, 만지기 위한 손과 걷기 위한 발, 섭취할 수 있는 양식으로서 과일과 야채와 짐승들의 존재, 빛을 비춰주는 태양 등등을 발견하고는, 다음과 같은 추론으로 이어진다. 오호라, 이 자연 속에는 인간들을 위해, 인간들이 사용할 수 있도록 만들어지지 않은 것이 없구나!

나아가 그러한 세상을 만들어낸 주체가 자신들이 아님을 고려할 때, 이는 분명 초월적인 존재가 우리를 위해 세상을 지금의 모습대로 만들었다고 상상할 충분한 근거라고 믿기 시작한다. 이 세상이 저절로 생성된 것이 아니라는 생각에서, 그들은 이것이 하나 혹은 여럿에 달하는 신이라는 존재의 작품이며, 오로지 인간의 기쁨과 이로움을 목표로 만들어진 것이라고 결론 내리는 셈이다.

그런가 하면, 정작 그 신들의 본성에 대해서는 캄캄하다 보니, 신들 또한 인간처럼 감정과 약점을 지닌 존재라고 판단하고는, 그 토대 위에서 신이 인간을 위해 세상을 만들었으며 그만큼 인간은 신에게 소중한 존재라고 상상하기에 이른다. 인간들 각자의 성향은 다를 수밖에 없으니, 저마다 자기 기분대로 신을 섬기되 그로부터 은혜를 이끌어내고, 모든 삼라만상을 자기 입맛에 맞추려 애쓸 따름이라는 얘기다.

§. 4.

　이런 식으로, 앞서 언급한 선입관은 마침내 미신이 되어갔고 인간의 의식 속에 너무나 깊이 뿌리박혀서, 아무리 무지한 사람일지라도 완벽한 지식을 갖추기나 한 듯, 자기 행위의 궁극적인 원인이 무언지 충분히 간파하고 있다고 믿기에 이르렀다. 그 결과 인간은 자연이 결코 헛된 짓을 벌이지 않는다는 걸 밝혀내는 대신, 신과 자연 역시 인간과 마찬가지로 꿈을 꾼다고 주장했다. 혹시라도 우리가 사정을 극단적으로 몰아간다는 비난이 있을지 모르니, 일단 인간이 어느 정도까지 이 문제에 대한 자신의 거짓 논리를 밀고 나갔는지부터 살펴보는 것이 좋겠다. 자연의 호의적인 환경 속에서도 폭풍이라든가 지진, 질병, 기아, 가뭄 등과 같은 숱한 불편요소들이 삶의 안락을 방해한다는 걸 실감한 인간은, 자연이 자신들만을 위해 만들어지지 않았다는 결론 대신, 인간의 죄로 인해 기분이 상했을 신들의 분노를 상상하기에 이르렀다. 나날의 일상적 경험들이 제아무리 반대의 내용을 시사하고, 선한 자든 악한 자든 똑같이 자연의 혜택과 폐해를 누린다는 사실이 무수한 실례(實例)를 통해 증명됨에도 불구하고, 인간은 너무 오래되고 고질화된 선입관을 떨쳐버릴 수가 없었다. 궁극의 원인을 설명해주는 유구한 체계를 단념하고 보다 진실에 가까운 새로운 체계를 만들어내고자 애쓰는 것보다는, 차라리 타고난 무지 속에 안주하는 편이 그들에게 훨씬 쉬운 일이었기 때문이다.

§. 5.

이 같은 선입관은 인간을 또 다른 편견으로 이끌어갔는데, 인간은 결코 신의 판단을 이해할 수 없을 거라는 믿음이 그것이다. 이 때문에 진실을 깨닫는 일은 인간 정신의 한계를 초월하는 그 무엇이 되어버리고 말았다. 만약 수학이나 과학이 숱한 편견을 깨뜨리지 않았던들, 인간은 아직까지 이런 오류를 벗어나지 못하고 있었을 것이다.

§. 6.

자연에는 어떤 목적도 존재하지 않으며, 궁극의 원인이라는 것도 인간의 허상에 불과하다는 걸 밝히기 위해서는 그리 오랜 논의가 필요하지 않을 것이다. 간단히 말해서 '신의 목적'이니 '궁극의 원인'이니 하는 교의(敎義)야말로 지금까지 신에게 부여된 완벽의 경지를 일거에 박탈하는 것임을 보여줌으로써 충분하다. 이를 증명하는 절차는 다음과 같다.

만약 신이 자기 자신을 위해서든 다른 누구를 위해서든 어떤 목적을 두고 행위를 한다면, 그것은 신이 현재로서는 이루지 못한 무언가를 바라고 있음을 의미한다. 다시 말해, 신으로서 어떤 행위를 해야 할 이유가 없던 시기가 있고, 언제든 그 이유가 생기면 그때 비로소 행동에 들어간다는 얘긴데, 이는 곧 신을 매우 빈약한 존재로 만들어버리는 처사다.

이제 이 같은 논증을 지탱할 만한 모든 요소를 빠짐없이 챙기는 뜻에서, 반대 의견을 가진 자들의 논리를 대립시켜보자. 그러면 아마 그 논리 역시 철저한 무지에 근거하고 있음이 밝혀질 것이다. 예를 들어, 돌멩이 하나가 하늘에서 떨어져 어떤 남자가 죽는다면, 저들은 분명 이렇게 이야기할 것이다. 그런 일이 일어난 건 신이 원했기 때문이므로, 돌멩이가 남자를 죽이기 위해 떨어진 것이라고. 만약 남자가 지나가는 순간 돌멩이가 떨어진 것이 바람 때문이라고 말한다면, 저들은 왜 하필 돌멩이가 떨어지는 순간에 남자가 거길 지나갔겠느냐며 반문할 것이다. 거기에 대고 또 대기(大氣) 중엔 별다른 움직임이 없었지만 그동안 바다에 격랑이 인 걸 보건대 당시 바람이 매우 거셌을 것이며, 아울러 그 사람은 친구 집에 식사를 초대받아 거길 지나가는 중이었다고 대꾸한다면, 결코 굽힐 줄 모르는 저들은 다시 이렇게 반문할 것이다. 그렇다면 왜 하필 다른 시긴이 아닌 그 시간에 친구 집에 초대받아 갔겠느냐고. 그런 식으로, 오로지 무지한 자들의 피난처인 신의 의지만이 돌멩이 추락의 원인이라는 고백을 받아내기 위해 질문들이 끝없이 이어진다. 마찬가지로 저들은 인간 육체의 구조를 들여다보면서 감탄을 금치 못하는 한편, 그와 같은 경이로움의 물리적 이치에 대해선 전혀 모른다는 듯, 그것이 어떤 초자연적인 작품, 즉 우리에게 알려진 이치와는 하등 상관없는 피조물인 것으로 결론 내리고 만다.

그 결과, 무지한 채로 경이로운 자연의 이치를 칭송하는 데 안주하길 거부하면서, 그 본질을 탐구하고 간파해내고자 하는 진정한 지식인은 누구든 영락없이 이단이자 불경한 사람으로 매도되기 일쑤다. 물론 거기엔, 이 세상 범인(凡人)들에게 신과 자연의 대변자로 인정받고 있는 자들의 사악한 농간이 깊이 개입된다. 사익을 노리고 움직이는 자들은, 어리둥절해하는 대중의 무지야말로 자신들의 안녕을 보장하고 지탱해주는 필수요소임을 너무나도 잘 알고 있다.

§. 7.

눈에 보이는 모든 것들이 바로 자신을 위해 만들어졌다는, 참으로 어리석은 견해에 사로잡힌 인간들은 삼라만상을 자신들의 이익에 부합하도록 끌어들이고, 이해득실에 준하여 사물의 가치를 판단하는 데 안성맞춤인 종교를 만들어냈다. 바로 그 종교를 통해 그들은 사물의 본질을 설명하고, 선과 악, 질서와 혼돈, 열기와 냉기, 아름다움과 추함 등을 깨닫게 해줄 일련의 관념들을 설정해놓은 것이다. 실상 그것들은 그들이 상상하는 것과는 전혀 다름에도 불구하고 말이다. 그런가 하면, 자기들이 완전한 자유의지를 가지고 있다며 한껏 뽐내기도 한다. 때문에 그들은 칭찬과 수치, 죄와 공로에 대한 것을 스스로 결정할 권리가 있다고 믿는다. 신과 악마의 숭배를 들먹인다든지, 혹은 그 어느 쪽과도 상관없지만 자기들한테 이롭게 작용하는 모든 사항들을 끌어다대면서 말이다.

자신은 사물의 본질을 이해했다고 믿지만, 실상은 상상한 것에 불과한 사람들이 이 세상에 하나의 질서를 생각해낸다. 역시 상상한 그대로가 현실이라 굳게 믿으면서 말이다. 자고로 인간이란, 오감을 통해 사물들을 느낄 때, 그것들을 생각으로 그려내기 쉬운가 어려운가에 따라 제대로 질서가 잡힌, 혹은 엉망진창 흐트러진 상태로 믿어버리기 십상이다.

요컨대 머릿속을 조금이라도 덜 피곤하게 하는 걸 반기다 보니까, 혼돈보다는 질서의 근거가 있다고 쉽사리 믿게 되는 것이다. 마치 질서가 인간의 상상력이 조작해낸 결과가 아닌 다른 무엇이기라도 한 것처럼 말이다. 결국 신이 질서를 통해 모든 것을 만들어냈다고 말하는 것은, 마치 인간에게처럼 신에게도 상상의 기능을 부여하는 것과 같다. 하지만 그것이 설사 인간적 상상력에 편의를 도모해주기 위한 것이라 해도, 소위 상상의 힘을 훌쩍 뛰어넘는 세상사가 부지기수며, 심지어 그

빈약한 상상력 자체를 혼란에 빠뜨려버리는 일들 또한 허다한 마당에, 신이 가장 상상하기 쉬운 방식으로 이 세상을 창조했노라고 주장해서는 안 될 일이다.

§. 8.

이 밖에 다른 관념들 역시 똑같은 상상의 결과물일 뿐이며, 결코 실재성을 갖춘 게 아니다. 단지 상상력이 발휘되는 방법들이 다를 뿐이다. 예컨대 시각(視覺)이라는 통로를 거쳐 사물들이 신경계에 각인되는 운동은 우리의 감각에 즐거움을 선사하는데, 그때 우리는 그 사물들이 아름답다고 말한다. 후각, 미각, 촉각, 청각 등을 통해 냄새가 좋고 나쁘고, 맛이 달콤하고 씁쓸하고, 촉감이 부드럽고 거칠고, 소리가 투박하고 감미롭고…… 이 모든 것들은 사람의 감각을 기분 좋게, 혹은 기분 나쁘게 자극한다. 사정이 이런 만큼 개중에는 신이 화음을 좋아하며, 천체의 운행은 조화로운 음악이라고 믿는 자들도 생겨난 것이다. 이는 곧 사람들이 자기가 상상하는 대로 사물을 이해하고 있거나, 그게 아니라면 세상 자체가 상상의 산물이라는 확실한 증거다.

그렇기 때문에 아주 똑같은 의견을 가진 두 사람을 만나기가 무척 어려우며, 심지어 모든 것을 의심하는 걸 자랑으로 여기는 사람이 있다는 사실조차도 놀랄 일이 아니다. 인간들은 여러 면에서 공통점을 가진 육체를 타고나지만, 그 밖에 수많은 차이점 역시 가지고 있기에, 누군가에게 좋은 것이 다른 사람에게는 그렇지 못하고, 이 사람을 즐겁게 하는 것이 저 사람은 불쾌하게 만들 수가 얼마든지 있다. 이로부터 쉽게 추론해 낼 수 있는 사실은, 사람의 감각이라는 것도 환상과 크게 다르지 않다는 것이다. 거기에서 이해력이 차지하는 부분은 극히 일부에 불과하며, 결국 세상만물은 오로지 상상의 단순한 결과일 뿐이다. 그러나 더 이상 상상을 끌어들이지 말고 이성의 빛과 수학에 도움을 청한다면, 그리하여 있는 그대로의 빛에 비추어 감지할 수 있는 범위를 넘어서지만 않는다면, 온 세상은 진리에 부합할 것이며, 인간의 판단은 지금보다 훨씬 가지런해지고, 합리적이 될 것이다.

§. 9.

분명한 사실은, 그저 범속한 자가 자연을 설명하려 들 때 으레 끌어다대는 모든 논거들이 상상의 여러 방식들에 불과하며, 자신이 무언가를 주장한다는 것 말고는 아무것도 증명하지 못한다는 점이다. 마치 상상을 벗어나서도 존재하는 것처럼, 사람들이 그런 논거에다 제법 실재적인 명칭들을 부여해서 말인데, 나 같으면 이성의 이름이 아닌 순전한 상상의 이름으로만 그것들을 칭하겠다. 어차피 그런 관념들에 근거한 논쟁에 대응하는 것보다 쉬운 일은 없으니, 누구든 시비를 걸 테면 걸어보라는 식으로 말이다.

만약에 온 우주가, 신의 본성이 어떤 필연적 연속을 이루며 흘러가는 현상이라면, 그 안에서 목격되는 온갖 결함과 불완전한 것들은 다 무엇인가? 예컨대 악취를 내뿜는 부패현상이라든가, 불쾌하기 짝이 없는 숱한 사물들, 혼란과 질병들, 죄악, 기타 등등. 분명히 말하지만 이러한 시빗거리들에 대해 하나하나 논박하는 것보다 더 쉬운 일은 없다. 이제는 각각의 본질과 정수(精髓)에 적합한 것 이상의 완벽성을 사물들에 기대해서는 안 되거니와, 단지 인간의 본성에 비추어 유익하다거나 쓸모없다거나, 혹은 감각에 즐겁다거나 불쾌하다는 이유만으로 그것들이 완전하거나 불완전한 것은 아니니 말이다. 게다가 어떤 존재의 본질과 정수를 파악한다 해도 우린 결코 그것의 완벽성을 판단할 수 없다. 다만 어째서 신은 왜 모든 인간을, 단 한 명의 예외도 없이, 오로지 이성의 빛에만 이끌리도록 창조하지 않았을까 질문을 해대는 자들의 입을 다물게 하기 위해서는, 이렇게 말하는 것으로 족할 것이다. 사람 각자에게 완벽의 적당한 척도를 베풀 만큼 충분한 재료가 신에게 있었노라고. 좀더 정확히 말하자면 자연의 섭리라는 것이 워낙 방대하고 풍부해서, 무한정한 이해력을 갖추고 있어야 포용 가능한 세상 모든 존재의 생성에 그렇게 관여했다고 말이다.

제2장

제3장

───────

신이라는
존재

───────

§. 1.

지금까지 우리는 신성(神性)에 관한 일반적인 통념, 그 선입관에 대해 논박해보았다. 그러나 아직 신이라는 존재 자체에 대한 얘기는 전혀 하지 않았다. 만일 누군가 그 문제를 묻는다면, 우린 이렇게 대답할 것이다. 신이란 무한정한 불멸의 실체를 지닌 절대적으로 무한한 존재라고. 그 범위와 비중이 어느 정도 한정되고 나누어지는 건 오로지 우리가 그렇게 상상할 때뿐이라고. 왜냐면 무엇이든 질료 자체는 어디나 한결같아, 이지력(理智力)을 통해 부분부분 나눌 수 있는 것이 아니기 때문이다. 예컨대 물[水]이라고 할 때, 그 물은 상상 속에서 몇몇 규모로 나누어질 수 있다. 하지만 물의 질료적 실체는 결코 나누어질 수 없는 것이다. 눈앞에 있는 물 자체는 시간과 더불어 변질되거나 썩을 수 있으나, 그 질료적 실체는 그렇게 되지 않는다. 그러므로 질(質)과 양(量)이라는 개념은 신에게 결코 어울리지 않는다. 신 안에 모든 것이 포함되고, 모든 것이 신의 정수로부터 필연적으로 유래된 것이라면, 신은 곧 그 존재가 끝

어안은 내용물과 절대적으로 같아야 할 테니 말이다. 물질적
인 모든 존재가 전혀 그렇지 않은 존재 속에 포함되어 있다는
것은 그 자체로 모순일 테니까. 이러한 견해는 새로운 것이 아
니다. 초기 기독교 뛰어난 교부 가운데 한 명인 테르툴리아누
스는 아펠레스를 상대로 몸이 아닌 것은 아무것도 아니라고
선언한 바 있다. 또 프락세아스에 반발하며, 모든 실체는 몸으
로 존재한다고도 했다.* 이 같은 주장은 처음 네 차례의 주교
회의와 공의회가 열리는 내내 공박당하지 않고 당위성을 인정
받았다. 〞이 네 차례 공의회는 다음과 같다. (1) 325년 콘스탄티누스 대
제(大帝)와 교황 실베스테르 1세 시절 개최된 니케아 공의회, (2) 381년 그라
티아누스 황제, 발렌티니아누스 2세, 그리고 테오도시우스 1세와 교황 다
마소 1세 시절 개최된 콘스탄티노플 1차 공의회, (3) 431년 테오도시우스
2세와 발렌티니아누스 3세, 그리고 교황 첼레스티노 1세 시절 개최된 에페
소스 공의회, (4) 451년 발렌티니아누스 3세와 마르키아누스 황제, 그리고
교황 레오 1세 시절 개최된 칼케돈 공의회.

§. 2.

이러한 주장들은 아주 단순하면서도, 신에 대해 건강한 이

---

*   아펠레스(Apelles)와 프락세아스(Praxeas)는 모두 신의 영성(靈性)만
을 인정하는 그노시스파다.

해력으로 접근해야만 터득할 수 있는 견해들이다. 하지만 어쩐 일인지 그 같은 단순함에 만족하는 사람은 별로 없다. 투박스 럽고 무지한 대중은 이미 감각을 즐겁게 해주는 것에 길들었 고, 흡사 지상의 제왕(諸王)과도 같은 신을 요구하게 되었다. 왕 들의 휘황찬란한 부귀영화에 눈이 휘둥그레져서인지, 죽고 나 서라도 천상의 신하들에 둘러싸여 이승의 왕궁 같은 환락을 맛볼 희망이 없다면, 삶의 고통을 견디게 해줄 유일한 위안마 저 사라질 거라는 투다.

사람들은 정의롭고 보복을 할 줄 아는 신, 마치 속세의 임 금들처럼 응징을 하고 보상을 해주는 그런 신을 원한다. 요컨 대 모든 인간적인 격정과 약점을 가지고 있는 신을 바란다는 얘기다. 사람들은 신에게 발과 손과 눈과 귀를 부여해놓고서, 정작 그렇게 만들어진 신이 질료를 가지는 것은 원치 않는다. 사람들은 인간이 신의 걸작이며, 심지어 신의 이미지를 그대 로 따왔다고 말하면서, 원본과 복제품이 유사하기는 결코 바 라지 않는다. 급기야 오늘날 대중의 신은 이교도의 제우스보다 훨씬 더 다양한 형상들에 예속되어 있다.

더욱 이상한 건, 이 같은 객설들이 각기 서로 모순되고 건 전한 양식을 거스를수록, 세상의 범인(凡人)들은 그것들을 더 더욱 존중한다는 사실이다. 그들은 고집스럽게 예언자들이 한 얘기를 신봉한다. 이 몽상가들이 히브리 민족 가운데 차지하는 위치라고 해봐야 이교도들 가운데 점쟁이가, 오늘날의 우리 가운데 점성술사나 광신자들이 차지하는 위치와 다름없는데도 말이다.

그들은 마치 신이 직접 특별한 방식으로 그 안에 자신을 표출하고 있기라도 하듯 『성서』에 매달린다. 그러나 『성서』라는 책은 사실 터무니없고 우스꽝스러운 옛날이야기들로 그득할 따름이다. 말을 하는 뱀[32]과 암탕나귀[33]의 이야기라든가, 소금 기둥으로 변한 여자[34] 이야기, 짐승으로 변모한 어느 임금[35] 이야기를 살펴보라. 어디 그뿐인가. 사자를 찢어 죽이고, 당나귀 턱뼈 하나로 1,000명의 장정을 때려 죽이는가 하면, 도시의 성문 문설주와 빗장을 통째로 뜯어내 어깨에 짊어지고, 자기 몸을 친친 동여맨 강한 밧줄도 한순간 끊어버리며, 육중한 기둥들을 뒤흔들어 신전 전체를 무너뜨리는 나지르인* 이야기를 보라. 그것도 머리카락 속에 깃든 기적의 힘 하나로 그 모든 일을 해치웠다니![36]

어떤 예언자[37]는 까마귀가 매일 두 차례씩 먹을 것을 가져다주는가 하면, 한 번은 식사 한 끼만 하고 40일 밤낮을 너끈히 걸었다는 둥, 겉옷을 벗어 강물을 내려치자 물줄기가 양쪽으로 갈라져 마른 땅을 밟고 강을 건넜다는 둥, 급기야는 화염

---

* 태어나면서부터 하느님에 의해 선택받은 이스라엘 판관을 일컫는 명칭.

(火焰)의 말이 끄는 '불의 수레'를 탄 채 회오리바람에 들려 하늘로 올라갔다고 하질 않나. 또 다른 예언자[38]는 사흘 밤낮을 커다란 물고기 뱃속에 갇힌 채 열심히 기도를 올렸다고 하니 이처럼 유치하기 짝이 없는 옛날이야기들과 그와 유사한 숱한 우화들이 득실거림에도 불구하고, 저들은 악착같이 그 책을 신성시하려고만 든다. 그리고 책 자체도 다양한 시대를 거치면서 역대 랍비들이 모세의 율법에 맞는지 안 맞는지에 따라 이리저리 취사선택하여 짜깁기한 거라는 사실에는 전혀 개의치 않는다. »『탈무드』에 의하면, 랍비들이 『성서』를 구성하는 여러 문헌들 중에서 '전도서'와 '예언서'에 해당하는 부분을 빼버릴 것인지 숙고했다고 한다. 그러다가 결국은 내버려두기로 했는데, 그 안에 모세의 율법을 칭송하는 대목들이 있었기 때문이라는 것이다.

이른바 기독교도들의 어리석음과 광기가 과연 어느 정도인지! 그들은 무지한 민중들 사이에 떠돌던 문헌을, 질서도 잡혀 있지 않고 일정한 체계도 없이 엉망진창 제멋대로 집적되어 서로 간의 알력만을 부추기는 그 책을 우상화시키느라 기꺼이 평생을 허비한다. 자연 운행의 원리로서 인간의 가슴속에 새겨져 있는 신, 즉 자연의 섭리에 귀를 기울이는 것보다 차라리 허깨비를 받들어 모시겠다니, 이 얼마나 광기에 사로잡힌 짓이란 말인가.

그밖에 다른 모든 계율들 역시 악마나 성령에 의해서가 아니라, 세상 군주들과 성직자들의 교활한 수법을 통해 억지로 짜 맞추어진 환상이자 허구일 뿐이다. 군주는 군주대로 자신들의 권위를 보다 공고히 하기 위해서, 성직자는 성직자대로 무지한 자들에게 온갖 허상들을 비싸게 팔아먹음으로써 부(富)를 누리기 위해 그런 짓을 꾸미는 것이다.

기독교도의 계율에 대해 말하자면 원본은 온데간데없고 사본들만 그것도 이것저것 제각각인 문헌에 근거하고 있는 실정이다. 그나마 초자연적인 내용들, 즉 불가능한 현상들만 그득할 뿐인 그 책에서는 선행과 악행에 대해 돌아온다는 보상과 징벌도 오로지 내세와 관련된 것이어서, 이승에서는 그 기만(欺瞞)이 폭로될 리 없게끔 해놓았다. 이미 저세상으로 간 사람이 사실 여부를 전달해주러 다시 이승으로 돌아올 수는 없을 테니까 말이다.

따라서 희망과 두려움 사이를 정처 없이 떠도는 대중으로서는, 신이 인간을 창조한 후 영원히 행복하거나 불행하게 만들 거라는 생각을 떨쳐버리지 못한 채 주어진 의무에 얽매일 수밖에 없다. 희망과 두려움을 유발하는 것이 그러한 생각이요, 우리가 이제부터 논하려는 무수한 종교들을 만들어내는 것 또한 그런 생각이다.

———

제4장

종교라는 단어가 의미하는 것
그토록 많은 종교가
왜, 어떻게 이 세상에
생겨나게 되었는가

———

§. 1.

'종교'라는 단어가 세상에 발을 들여놓기 전에는, 인간이란 으레 자연의 섭리, 즉 노골적인 이치에 부응할 수밖에 없는 처지였다. 다시 말해 본능만이 유일하게 인간을 서로 엮어주는 끈이었다. 그 끈은 아주 단순하면서도 어찌나 서로를 단단히 묶어주는지, 여간해선 분열을 일으키는 일이 드물었다. 그러다가 보이지 않는 힘, 즉 신이 있을지 모른다는 두려움을 갖게 되었고, 그러자 모두들 허구의 존재를 향해 제단을 쌓기 시작했다. 그리고 진정한 삶의 근원인 자연과 이성의 빛을 포기하고, 상상 속의 허깨비들에 대한 미신적 숭배와 터무니없는 의식(儀式)으로 서로를 연결하게 되었다. 세상을 그토록 시끄럽게 만드는 '종교'라는 단어는 바로 공포심에 의해 조장된 이 같은 연결고리로부터 생겨난다. 그렇게 보이지 않는 힘이 자신들을 완전히 압도하도록 허락한 인간은 그 힘을 아예 떠받들어 모시기 시작했고, 나아가 자연이라는 것도 그런 힘에 완전히 예속된 현상이라 여겼다. 그 결과 사람들은 스스로를 하나의 거대한 집단 혹은 노예로 인식하기 시작했고, 이 보이지 않는 힘이 내리는 지시에 따라서 행동하는 존재로 상상하게 되었다. 그런 잘못된 관념이 정신을 사로잡자 사람들은 이제 자연을 업신여기게 되었고, 자기들이 신이라고 이름 지은 억지스런 존재들에게만 온갖 경외의 감정을 바치게 되었다. 그로부터 숱한 종족의 무지가 비롯된 것인데, 정도가 제아무리 심해도, 무지몽매한 대중을 호령하며 사기로 연명하는 자들에게 완전히 넋을 잃지만 않았다면, 몇몇 진정한 현자들의 도움으로 구원할 수도 있었을 터다. 비록 이제는 그런 과업의 성공 가능성이 희박해졌지만, 그렇다고 진실의 몫을 포기해서는 안 될 것이다. 그 엄청난 폐해의 전조들로부터 스스로를 지켜낸 자들만의 사연일지언정, 고결한 영혼을 가졌다면 당연히 진실을 있는 그대로 이야기하는 게 마땅하다.

§. 2.

신을 만든 두려움이 곧 종교를 만들어냈다. 눈에 보이지 않는 천사들이 존재하고 그것들이 인간사 행불행의 원인이 된다는 생각을 하면서부터, 인간은 양식과 이성을 단념하는 대신 일련의 환영(幻影)을 자기들의 행실을 보살피는 수호신처럼 여기게 되었다. 그렇게 신이란 존재를 꾸며내자, 이제는 신들이 어떤 성질을 가졌는지 알고 싶었고, 결국 그 실체는 인간의 영혼과 똑같을 거라고 상상하기에 이르렀다.

　이어서 영혼이 거울 속이나 꿈에 모습을 드러내는 유령과 같을 것으로 판단하고는, 신 역시 사실적인 실체를 가졌어도 워낙 희미하고 미묘하기에, 일반적인 육신과는 구분하는 것이 좋겠다는 결정을 내린다. 자연 속의 육신과 영(靈)은 하나일지언정, 신이라는 존재만큼은 정령(精靈)이라 부르기로 말이다. 하지만 육체를 갖지 않은 정신적 존재는 아무래도 이해할 수 없는 대상이므로, 영혼과 육신 사이의 이런 구분은 사실상 무의미하다. 모든 정신은 그에 적합한 모양새를 지니고 어떤 구체적인 장소 안에 내포되어, 말하자면 나름의 윤곽과 경계를 지니는 법이므로, 제아무리 희미하고 미묘하다 해도 엄연한 하나의 몸체라고 해야 이치에 맞다.

§. 3.

　무지한 자들, 즉 대부분의 인간은 자신이 만든 신들의 실체를 그런 식으로 설정한 뒤, 과연 그 보이지 않는 존재들이 어떤 방식으로 세상에 영향력을 행사하는지 파악하려고 애썼다. 그러나 타고난 무지 때문에 목적을 이루지 못하자, 단순한 추측 그대로를 무턱대고 믿기로 한다. 즉 서로 아무런 연관성이 없음에도 불구하고 미래에 벌어질 일을 과거를 통해 맹목적으로 판단해버리는 것이다.

그들은 손대는 모든 일에서 우선 과거부터 면밀히 검토하고 그 다음 미래가 좋을지 나쁠지를 예측해왔는데, 그 기준은 예전에 손댔던 똑같은 일이 성공을 했는지 안 했는지의 여부다. 포르미오가 나우팍투스 해전에서 스파르타인들을 격파한 다음에,* 아테네인들이 그의 사후 같은 이름을 가진 장군을 내세운 것도 다 그런 식이었다. 그런가 하면 한니발을 격퇴하며 아프리카누스라는 별명까지 얻은 스키피오에 열광한 로마인들이 후일 같은 지역에 또 다른 스키피오를 파견해 카이사르에 대항하게 한 것**도 마찬가지 예다. 비록 아테네인이나 로마인의 경우 모두 실패로 돌아가고 말았지만 말이다. 어쨌든 그런 식으로 두세 번의 시행착오를 거치면서도 몇몇 나라에선 일련의 장소와 사물들, 이름들에 액운이나 행운의 징조를 접목시키는 것이 일종의 보편적 관행으로 자리 잡았다. 또 일부 비밀스런 단어들을 사용해 주술(呪術)을 일삼고 그 효험을 신뢰한 나머지 나무들을 말하게 하고, 빵 한 조각으로 사람을 만들며, 눈앞의 모든 것을 변모시킬 수 있다는 식의 허무맹랑한 믿음을 갖게 되었다.

***

*   BC 429년 펠로폰네소스 전쟁.
**   BC 46년 아프리카 탑소스 전투.

§· 4·

그처럼 눈에 보이지 않는 힘들이 정립되자, 처음에 인간은 마치 속세의 군주를 섬기듯, 선물이나 기도를 바치는 식의 존경과 복종의 자세로 힘들을 받들었다. 방금 나는 '처음에'라고 했다. 왜냐면 자연은 결코 피비린내 나는 희생제물을 사용하라고 가르치지 않기 때문이다. 그런 것은 잘난 신들을 직접 섬기는 제의집행자나 사제들이 자기들 생존을 보장받기 위해 나중에 가서야 도입한 전략이다.

§· 5·

이와 같은 종교의 씨앗, 즉 희망과 두려움은 인간적인 여러 격정과 판단 그리고 다양한 의도들을 거친 나머지, 인위적인 믿음들을 양산했고, 그 믿음들은 수많은 해악과 야만적인 잔혹행위들, 여러 국가들을 뒤흔드는 격변들에 빌미를 제공했다. 여기에다 성직(聖職)에 따라붙는 그럴듯한 명예와 막대한 수입이 교활한 자들의 탐욕과 구미를 한껏 자극함으로써 결국 대중의 어리석음과 약점만 더욱 악착같이 이용당하게 되었다. 대중은 자기도 모르는 사이에 진실은 내치고 거짓은 추켜세우는 나약한 습관에 길들고 말았다.

§. 6.

거짓이 자리를 잡고 탐욕스런 자들이 더 배부르고 윤택해지
자 이들 욕심쟁이들은 사람들이 두려워하는 신들의 친구인 척
하면서 스스로 명망을 높이려고 갖은 애를 썼다. 그 일을 보다
효과적으로 해내기 위해 자기 입맛대로 신들을 가공했고, 발
닿는 곳이면 어디든 즐비하도록 그 수를 맘대로 늘려놓았다.

§. 7.

세계라는 무정형 질료를 일러 예로부터 카오스 신이라고
불렀다. 그리고 하늘, 땅, 바다, 불, 바람, 행성들 할 것 없이 모
든 대상에 똑같은 신성(神性)이 부여되었다. 남자와 여자들에게
도 사정은 마찬가지였다. 그중에서도 황소라든가 개, 돼지, 악
어, 뱀, 새, 도마뱀, 양파 등 한마디로 각종 짐승과 식물들이 단
연 두드러졌다. 심지어 길 가다 맞닥뜨리는 강물이나 샘에도
신의 이름이 부여되었고, 모든 집이 각각 고유의 신을 모시고
있었으며, 사람마다 각자 수호신을 가지고 있었다.

결국 이 세상은 땅 위건 아래건 할 것 없이 온갖 정령과 유
령들, 마귀들로 득실거리는 곳이 되고 말았다. 그나마 상상할
수 있는 모든 장소마다 신이 존재한다는 것만으로 그친다면
다행일 것이다. 심지어 낮이나 밤 같은 시간적 개념이라든가,

조화, 사랑, 평화, 승리, 만족감, 명예, 미덕 등과 같은 추상적 혹은 심리적 개념들, 발열이나 건강 같은 신체적 증상들까지 들추어 집적거렸다. 사람들은 이와 같은 신들한테 신전이나 제단을 쌓아 바치지 않으면 큰일 나는 줄 알게 되었다. 그러다 결국에는 각자 자신이 가진 재능 자체까지 소위 뮤즈라는 이름으로 칭하면서 숭배하기 시작했다. 어떤 사람들은 자신의 무지에 대해 '운명의 신'이라는 이름을, 다른 이들은 자신의 방탕에 큐피드라는 신의 이름을, 또 다른 사람들은 화가 날 때마다 '분노의 여신'이라는 이름을 주워섬기며 자신의 감정 자체를 신격화하느라 혈안이었다. 요컨대 이 세상에 신이나 악귀의 이름을 달지 않은 건 하나도 없었다.

§. 8.

종교의 창시자들은 사기가 먹혀드는 기반이 대중의 무지라는 사실에 유념하면서, 자기들 입지를 강화하고 유지하는 데 한 치의 빈틈도 허락하지 않았다. 어떤 이미지들을 내세워 그 안에 신늘이 거한다고 주장하는 것이야말로 그들의 목적에 매우 효과적인 방법으로 보였다. 그들은 뭔가 지속적인 토대를 만들고 자기들의 주장을 공고히 다지기 위해 모든 노력을 다했다. 신들을 모신답시고 제단을 세운 그들은, 적당한 형상물을 통해 신들이 인간에게 모습을 드러낸다고 역설했다. 아울러 어마어마한 신전을 건축해 대규모 의식과 행사, 희생제의를 창안했고 제의집행자라든가 사제를 임명해 자기들을 돕도록 했다. 특별히 그런 임명자들에게는 십일조라는 것 외에도 제단에 바쳐진 짐승 중 가장 좋은 살점들, 가장 좋은 과일과 야채들, 곡식들이 돌아가게 했으며, 그럼으로써 이들 재물에 좌우되는 저급한 영혼의 소유자들이 종교의식에 더욱 악착같이 매진하도록 만들었다. 따지고 보면 신들은 연기냄새밖에 맡아보지 못할 모든 희생제물, 십일조, 봉헌물이 누구도 범접해선 안 될 신성하고 신비한 물건들로 여겨진 셈이다.

대중을 보다 효과적으로 기만하기 위해 사제들은 자신을 예언자라 칭하면서, 신들과 소통한 덕에 미래를 꿰뚫어보고 있다며 허풍을 떨기 일쑤였다.

자신의 운명을 알고 싶은 마음이야 인지상정이라, 사기꾼들은 온갖 술수를 동원해 인간의 그러한 성향을 교묘히 이용했고, 적절하다 싶은 상황들을 자기들 목적에 유리하도록 유도하는 걸 잊지 않았다. 그리하여 누구는 델로스에, 다른 누구는 델포이에 둥지를 틀고서 대중의 질문에 대해 애매모호한 신탁들을 절묘하게 풀어 응대했던 것이다. 여기에는 여자들도 활발히 끼어들었다. 실제로 로마인들은 크나큰 재해가 있을 때마다 그런 무녀(巫女)들의 예언서로부터 많은 도움을 구했다.

미친 사람, 정신병자들은 소위 신들린 자로 여겨졌고 죽은 자와 교류하는 척하는 사람들은 강신술사(降神術師), 즉 무당으로 대접받았다. 어떤 자들은 새들이 나는 모습이나 짐승의 내장이 얽힌 모양을 보고 미래를 예견하기도 했다. 그러다보니 눈이면 눈, 손이면 손, 얼굴이면 얼굴, 그것도 아니면 뭔가 독특한 모든 것이 길조와 흉조를 표상하는 것으로 취급되었다. 사정이 이렇다 보니 뭔가 이용할 수 있는 비밀스런 구석만 있으면 무지한 자들이 엄청난 감동을 받게 되었던 것이다.

제5장

모세에
대하여

§. I.

사람을 속여먹는 짓에선 항상 대가이기 마련인 야심가들은 자기들의 계율을 세울 때 하나의 예외도 없이 똑같은 길을 걸어왔다. 대중 스스로가 고개를 숙이고 들어올 수 있도록, 대중의 자연스런 무지를 십분 활용해 문제의 계율들이 신 또는 여신으로부터 직접 받아낸 것이라고 설득했던 것이다.

이른바 통치자들이 법통을 세우는 게 다 그런 식이었다. 그들은 자신들의 법을 어떤 신이 내려주신 걸로 만들기 위해 무슨 짓이든 했으며, 자신들을 보통 인간보다 우월한 존재로 믿게 만드느라 갖은 애를 다 썼다. 그런 자들 가운데 특히 두드러지는 네 명에 대해 앞으로 이야기를 전개할 텐데, 수고스럽겠지만 그 내용을 아무 편견 없이 읽어본다면 위와 같은 사실을 능히 납득할 수 있을 것이다. 네 명의 인물은 다름 아닌 모세, 누마 폼필리우스, 예수 그리스도 그리고 마호메트이다.

§. 2.

순교자 유스티누스*가 전한 바대로 위대한 마법사의 자손이기도 한 저 유명한 모세라는 인물은 온갖 피부병과 나병으로 이집트 전역을 초토화한 끝에 파라오의 칙령을 이끌어내, 결국 히브리 민족을 해방한 지도자였다. 그는 앞서 언급한 기만의 책략을 누구보다 교묘하게 활용한 것으로 유명하다. 비참한 몰골로 추방당한 무리를 이끌고 엿새를 고통스레 떠돌던 그는, 일곱째 날만은 모두가 휴식을 취함으로써 그날 하루를 온전히 신께 바쳐야 한다며 지시를 내렸다. 그럼으로써 신이 자신을 특별히 아끼며, 아무도 이의제기를 하지 못할 만큼 신으로부터 지배권을 승인받았다고 믿게 만든 셈이다. 당시 그를 따르던 히브리인들만큼 무지하고, 그래서 뭐든 쉽게 믿어버리는 무리는 아마 없을 것이다.

모세는 자기가 가진 흔치 않은 재능을 발휘할 기막힌 기회를 잡아, 신이 자기 앞에 모습을 드러냈으며 자신이 우두머리가 되어 무리를 이끈 것은 모두 신의 명에 의한 것임을 믿게 만들었다. 아울러 믿고 시키는 대로 행하기만 하면, 다른 모든 민

---

*   Justínus. 2세기경에 활동한 철학자이자 초기 기독교 교부이며, 순교로 생을 마감했다.

족과는 차별되게 신이 선택한 백성이 될 것이라며 히브리인들을 설득했다. 그리고 신으로부터 내려진 사명이 자신에게 있음을 보다 확실하게 못 박는 뜻에서, 모두가 보는 앞에서 충분히 기적이라고 여겨질 만한 몇 가지 절묘한 마법을 선보였다. 결국 신들의 우두머리에게 선택받아 노예상태로부터 빠져나온 것에 도취한 이 가련한 종족은 눈앞의 환상에 홀린 채, 모세에게 환호하면서 절대 복종할 것을 맹세하지 않을 수 없게 된다.

§. 3.

일단 권위가 서자, 모세는 지속적으로 그것을 유지시킬 생각에 골몰했다. 자칭 신의 대리자로서 신을 모시기 위한 지고의 의식(儀式)을 제정한다는 미명 아래, 형인 아론과 그 자식들을 왕궁을 지키는 대장들, 즉 신탁이 사람들 눈을 피해 강림하는 장소의 관리책임자들로 삼았다. 그런 다음 모세는 새로운 시설이 들어서고 나면 으레 치르던 행사, 다시 말해서 단순한 사람일수록 눈이 휘둥그레지고 정신이 얼얼해질 기적 같은 마법들을 선보였다. 하지만 그런 것들은 뭐든 예리한 시각으로 꿰뚫어보고 기만의 허울 너머를 간파하는 사람들이 보기엔 안쓰러울 정도로 허술한 눈속임에 불과했으리라. 모세는 조용히 신과 의논한다는 구실로 이따금 혼자만의 장소에 칩거했다. 이렇게 신성과 직접 교류한다는 명목 아래, 그는 대중으로부터 존경과 무한한 복종을 이끌어냈던 것이다. 그러나 보다 직접적인 무력을 행사할 수 없었다면 제아무리 유능한 통치자였다 해도 완전한 복종을 기대하기는 어려웠을 것이다. 무력을 동반하지 않은 속임수가 성공하는 경우는 매우 드물다. 실제로 그가 교묘히 복속(服屬)하게 만든 수많은 사람들 가운데엔, 그의 가식을 알아볼 만큼 깨어 있고, 정의와 평등의 번드레한 허울 너머 그가 권세와 잇속을 챙긴다며 노골적인 비난을 던질 만큼 용기 있는 자들도 있긴 했다. 요컨대 절대권자의 권위라는 것이 혈통의 문제인 만큼, 그걸 참칭(僭稱)할 권리는 어느 누구에게도 없다는 주장 말이다. 요컨대 모세는 종족의 아버지가 아니라 압제자일 뿐이라는 얘기다. 한편 능란한 정치가이기도 한 모세는 이런 경우에 부딪칠 때마다 자기에게 반발하는 대범 무쌍한 작자들을 닥치는 대로 제거했으며, 자신의 통수권에 누를 끼치는 자는 누구도 방치하지 않았다. 이렇듯 매사에 치밀하게 대처하는 가운데, 자신이 벌하는 것을 신의 응징으로 교묘히 윤색함으로써 죽는 날까지 절대적인 권위를 누릴 수 있었다.

모세는 처음 시작할 때와 마찬가지 방식으로, 즉 기만자와 사기꾼으로서 모든 것을 마무리하기 위해 홀로 깊은 심연 속으로 침잠하며 모습을 감추어버렸다. 이는 시체를 찾을 수 없게 하여, 마치 신이 손수 데리고 가버린 것처럼 사람들이 믿게 하려는 계산이었다.

물론 지난 시절 족장들의 경우로 볼 때, 무덤의 위치가 공개된다고 해서 존경과 경외의 마음이 흔들리지 않는다는 것을 그도 모르는 바는 아니었다. 하지만 그 정도로는 모세 같은 인물의 야망이 채워질 리 없었다. 사람들이 그를, 죽음도 손을 뻗칠 수 없는 신과 같은 존재로 우러러봐야만 했다. 아닌 게 아니라, 그것이야말로 모세가 지도력을 발휘하기 시작할 무렵 공개적으로 발언한 내용이었다. 즉 신이 그를 파라오 앞에 신 자신처럼 일으켜 세웠노라는 얘기 말이다.[39]

모세 이후로도 로물루스와 엘리야,[40] 엠페도클레스, 그 밖에 자신의 이름을 불멸의 것으로 만들고자 쓸데없는 허세를 부린 자들 모두가 하나같이 자기가 언제 죽었는지를 철저히 은폐하고 있다. [※] 로물루스는 늪지에 빠져 죽었는데, 시체를 아무도 찾지 못해, 결국 사람들은 그가 하늘로 들어 올려져 신격화되었다고 믿었다. 유명한 철학자였던 엠페도클레스는 로물루스처럼 자신을 신격화하기 위해 에트나 화산에 몸을 던져 시체를 찾지 못하게 했다. 그렇게 하면 사람들이 자기를 불멸의 존재로 믿을 거라는 계산이었다.

누마 폼필리우스에
대하여

§. I.

법치의 달인인 누마 폼필리우스(Numa Pompilius)는 사비니 사람임에도 불구하고 로물루스의 뒤를 잇도록 선택된 자다. 당시 로마인들은 거의 만장일치로 그를 선출했고 원로원 전원이 거듭 승인했지만, 그는 이 결정을 신들에게 다시 물어볼 것을 요구했다. 신들이 하늘의 징조를 통해 찬성한다는 것을 보여주어야만 왕위를 수락하겠다는 것이었다. 40여 년에 걸친 치세 기간에 그는 로마인들의 정신을 종교적 측면으로 향하게 함으로써 야만적인 풍습을 순화시키고자 매진했다. 그는 로마의 초기 거주자들이 다들 그랬듯이, 무지하고 거칠며 곧잘 미신에 사로잡히는 경향이 두드러진 사람들을 확실하게 다스리는 방법은 가능한 한 신에 대해 두려워하는 마음을 불어넣는 것이라고 생각했다. 그러기 위해서는 기적에 관해 그럴듯한 이야기를 만들어내는 것이 불가피하다고 판단했다. 마침 로마인들은 신탁이라는 것과 여러 부적들 그리고 내장점(內臟占)의 영험함에 대한 믿음을 지니고 있던 터라, 그에 기대서 작업을 도모하는 것은 그리 어려운 일이 아니었다.

그는 에게리아라는 님프가 자신에게 나라를 다스릴 법과 국가체제를 전수해주었다면서 사람들을 쉽게 설득해나갔다. 이 같은 속임수를 통해 신성하다고 여겨지는 바로 그만큼의 강력한 결속력으로 무지한 백성을 각자의 의무에 복속하게 만들 수 있었던 것이다.

§. 2.

그러나 투박하기만 했던 그 시절 로마인들의 신심(信心)이 제아무리 대단했어도, 이후 온갖 풍파를 이겨낸 다음 시대 로마인들에 비하면 아무것도 아니었다. 실제로 이들은 정복한 모든 나라의 신과 신앙, 미신들까지 죄다 자기 것으로 흡수해버렸다. 그중에서도 특히 제우스의 머리에서 아테나가, 허벅지에서는 디오니소스가 튀어나왔다고 믿은 그리스인들의 신화를 중요하게 차용했다. 에리크토니오스와 미르라는 어머니가 없이, 반대로 헤파이스토스와 아레스는 아버지가 없이 태어났다. 아이아코스, 헤라클레스, 그 밖에 무수히 많은 존재가 제우스의 자식이며, 페르세우스는 이 신과 동정녀 다나에 사이에서 태어났다. 이처럼 동정녀가 자식을 생산하는 것도, 그보다 훨씬 더 불합리하고 모순적인 일들까지 신성한 진리의 현현으로 받아들이는 사람들에겐 전혀 이상한 일이 아니었다. 더

군다나 이들은 최근 이집트인들 사이에 만연한 생각, 즉 '신의 영(靈)'이 여인을 임신시킬 수 있다는 믿음까지 접수하고 있는 터였다.

제7장

예수 그리스도에
대하여

§. I.

이집트인들의 학문과 사상에 대해 결코 모르지 않았던 예수 그리스도는 신의 영이 여인을 임신시킬 수 있다는 '생각'이 때마침 구상 중인 계획에 안성맞춤이라고 판단했다. 무지한 자들의 세계를 호령함으로써 모세가 얼마나 유명해졌는가를 꼼꼼히 살펴본 뒤, 바로 모세와 똑같은 토대를 기반으로 과업을 이루기로 했다. 그리고 일단 무식한 몇몇 사내들을 휘하로 삼아, 자기가 아버지인 성령(聖靈)과 어머니인 동정녀 사이에서 태어났다고 설득했다. ⁾⁾ 오리게네스*의 인용을 통해 살펴보건대, 켈수스**는 예수 그리스도가 유대 땅 어느 작은 부락 출신이며, 혼자 힘으로 살아가던 가난한 마을 아낙이 그의 어머니라고 주장했다. 그녀는 어떤 로마 병사와의 간음행위가 들통나고, 그로 인해 목수인 약혼자로부터 버림받게 되었다고 한다. 결국 치욕 속에서 이곳저곳을 전전하던 그녀는 비밀리에 예수를 출산한다. 장성한 예수는 생활고에 시달린 나머지 이집트로 일자리

---

*   Origenes(185?-252?). 알렉산드리아 학파의 대표적인 초기 기독교 교부.
**   Celsus. 2세기경에 활동한 플라톤 학파의 그리스 학자.

를 찾으러 갈 수밖에 없었고, 거기서 이집트인들 사이에 큰 인기가 있던 몇 가지 비전(秘傳)을 접한 뒤 다시 고국으로 돌아온다. 마침내 자신이 행할 수 있는 신기한 재주들에 잔뜩 고무된 예수는 스스로 신이라 선언하기에 이른다.

그렇지 않아도 허무맹랑한 몽상과 꿈에 사로잡히기 일쑤였던 선량한 사내들은 예수의 터무니없는 이야기에 흠뻑 빠져들었고, 자연의 질서를 무시한 탄생의 사연이 신기하면 신기할수록 그만큼 쉽사리 곧이곧대로 믿게 되었다. 하긴 성령의 작용으로 처녀의 몸에서 태어난다는 것은 그들이 보기에, 타타르족이 우두머리 칭기즈칸에 관해 이야기하거나, 샴 사람들이 솜모나-코돔*에 관해 떠드는 것 이상의 신비스런 이야기로 여겨졌을 것이다. 이들 두 경우는 예수 그리스도와 마찬가지로 동정녀 어머니로부터 태어나긴 하되, 태양광선의 작용으로 잉태되었다고 하니 말이다.

예수 그리스도의 기적 같은 출현은 예전에 판관들한테서 느꼈던 것처럼, 유대인 대부분이 자기들의 유일신에게서 싫증을 느낄 무렵, 그래서 이제는 다른 민족들처럼 뭔가 구체적으로 눈에 보이는 존재를 원할 때쯤 이루어진 것이었다. 》「사무엘상」 8장을 보면, 사무엘의 아들들의 행태에 실망한 이스라엘 민족이 다른

---

*   Sommona-Codom. 샴, 즉 지금의 타이에서 붓다를 부르는 명칭이다.

나라들처럼 믿고 따를 수 있는 하나의 임금을 원하고 있다.

워낙에 어리석은 자들 천지인 판에 어디든 그가 가는 곳마다 추종자들이 몰리는 건 당연했다. 그러나 그의 지독한 가난은 위상을 완벽히 드높이는 데 결정적인 장애로 작용했다. 그런가 하면, 바리사이파 사람들은 일견 자기들 파벌 출신의 사내가 활발한 활동을 벌이는 것에 흐뭇해하다가도, 가끔 도가 지나친 대범함을 질시하기노 하면서, 대중의 분위기에 따라 때론 깎아내리고 때론 추켜세우는 태도를 이어갔다. " 예수 그리스도는 빈민계층인 바리사이파에 속했다. 반대로 당시 부유한 계층은 사두가이파였다.

따라서 자신의 신성에 대한 소문이 아무리 팽배했다 해도 그가 모든 현실적 제약을 극복하면서 계획을 성사시키기는 거의 불가능했다. 돈도 없고 무력도 갖지 않은 상태로는, 설사 사람들이 열광하는 기적들로 얼마간 버틴다 해도, 결국엔 도태될 수밖에 없었다. 반면 재력과 군대를 갖추었다면, 아마도 그는 모세나 마호메트, 요컨대 남들보다 위에 올라서려는 야심을 품었던 다른 사람들과 마찬가지로 빛나는 성공을 누렸을 터다. 물론 그가 다른 존재들보다 더 불운했다 해서 그들보다 덜 교활했던 것은 아니다. 다만, 그가 한 이야기 중 어떤 부분들이 여지없는 확증을 얻었다 해도, 그가 펴나간 책략만큼 확고한 토대를 충분히 마련하지 못했다는 점에서 큰 결함을 안고 있었던 셈이다. 한데 나는 여전히 많은 대중의 신앙심을 좌지 우지할 만큼 뚜렷이 각인되고 있는 모세나 마호메트보다 예수 가 결코 자신의 역량을 어설프게 가늠했다고는 보지 않는다.

———

제8장

예수 그리스도의
책략에 대하여

———

§. 1.

예컨대 산롱을 하다가 들킨 여인에 관해 예수 그리스도가 재치 있게 대처한 일화보다 더 절묘한 처신(處身)의 예가 있을까? 유대인들이 몰려와 그 가련한 여인을 돌로 쳐 죽일까를 물어왔을 때 말이다. 그 당시 "그래라" 혹은 "말아라" 하고 대답해봤자, 즉 부정(否定)이면 율법에 정면으로 반하는 것이요, 긍정이면 잔혹하고 지독한 사람이 될 뿐 현명함과는 거리가 멀어지게 되어, 결국 어느 쪽으로 대답해도 저들이 파놓은 함정에 빠지고 말 터. 그저 평범한 정신의 소유자로서 할 만한 대답을 내미는 대신 그는 이렇게 대답했던 것이다. "누구든 죄 없는 사람이 먼저 저 여자를 돌로 쳐라!"[41] 정말이지 교활하다 못해, 그가 얼마나 재기 넘치는 인간인지를 증명하는 대답이라 하겠다.

§. 2.

한번은 카이사르에게 세금을 바쳐도 되겠느냐는 질문이 그에게 던져졌다.[42] 이 또한 그를 시험해보기 위해 찔러본 질문이었다. 만약 아니라고 답하면 불경죄가 되고, 그러라고 답하면 민족의 자유를 해치는 발언이 되기 때문이다. 결국 그는 긍정도 부정도 아닌 대답을 내놓는데, 질문한 자들에게 일단 이렇게 답했다. "세금으로 바치는 돈을 나에게 보여라." 그러고는 동전에 새겨진 글자와 초상화는 누구의 것이냐고 반문했다. 대답은 "카이사르의 것입니다"였다. 이에 그는 카이사르의 것은 카이사르에게, 신의 것은 신에게 돌리라며 결론을 내렸다. 교활하다면 교활한 대답으로 앞에 놓인 난관을 일거에 해치웠으며, 다른 사람이라면 영락없이 걸려들었을 덫을 멋지게 피해간 것이다.

§. 3.

그는 바리사이파 사람들이 쳐놓은 또 다른 덫에서 교묘히 빠져나가는 모습을 다시금 보여준다. 과연 무슨 권한을 가지고 대중에게 교리를 가르치고 설교를 하느냐는 질문을 받았을 때다. 질문의 속셈은 그가 어떤 대답을 하든 거짓으로 몰아붙이려는 것이었다. 인간이 부여한 권한이라고 한다면, 실제로는 전통적 율법에서 명시한 성직집단에 속하지도 않고, 그렇다고 사람을 가르치는 직업교사도 아니면서 그런 거짓말을 하는 셈이 된다. 반면에 신이 부여한 권한이라고 한다면, 사실상 모세의 계율에 대립하는 교리를 전파해온 그로서는 터무니없는 허풍을 치게 되는 상황이다. 그는 일견 당혹스러울 법한 진퇴양난 속에서 세례요한은 과연 무슨 권한으로 그 일을 했겠느냐며 반문을 던져, 역으로 그들을 곤란에 빠뜨렸다. 요한의 세례 행위 자체를 반대하는 입장인 바리사이파 사람들로선, 만약 신의 권한임을 인정한다면 스스로 오류를 시인하는 셈이고, 인간의 권한이라 하면 요한을 예언자로 받드는 군중의 분노를 살 테니 말이다. 결국 그들은 뒤늦게나마 잘못된 길로 들어섰음을 깨닫고, 모르겠다는 대답을 내놓았다. 이에 예수 그리스도는, 그렇다면 자신도 무슨 권한과 자격으로 설교를 하고 있는지 굳이 대답할 필요가 없겠다며 유유히 덫을 피해나갔다.

§. 4.

이상이 바로 옛 율법의 파괴자요, 새로운 계율의 창시자가 보여준 기지와 기사회생의 계책들이다. 옛 종교의 폐허 위에 세워진 새로운 종교, 좀더 무사공평(無私公平)하게 얘기하자면, 이전까지의 다른 교파보다 별로 신성할 것도 없는 새로운 교파가 바로 저러한 이야기들 속에서 발아(發芽)한 셈이다. 결코 무지와는 거리가 먼 그 창시자는 유대인의 국가가 극도로 부패한 것을 눈치채고는, 무엇보다 그 한계가 가까이 다가왔다고 판단했다. 그러고는 그 잿더미 속에서 뭔가 다른 것이 새롭게 태어나야 한다고 믿게 되었다. 이에 혹시라도 자신보다 야심찬 인물한테 선수를 놓칠까봐 걱정한 나머지, 그는 모세와는 완전히 상반되는 방식을 통해 자신을 우뚝 세우려고 분주히 움직였다. 즉 모세가 다른 민족에 대해 무시무시하고 위협적인 자세를 취함으로써 행보를 개시한 반면, 예수 그리스도는 자기만 믿으면 얻게 될 또 다른 삶에 대한 희망을 제시함으로써 다른 민족까지 제 편으로 끌어들인 것이다. 모세가 자신의 율법을 준수하는 자들에게 한시적인 안위만을 약속했던 것에 비해, 예수 그리스도는 끝없는 지복(至福)을 희망하게 했다. 전자의 율법이 외적인 면에만 관련된 반면, 후자의 그것은 내부로까지 파고들었다. 예수 그리스도가 세운 법은 사람의 생각 속까지 칭찬하거나 비판하는 가운데, 모든 면에서 모세의 율법과 반대 입장을 견지한다. 그 결과 예수 그리스도는 아리스토텔레스와 마찬가지로 다음의 신조를 지니게 되었다. 종교든 국가든 나고 쇠하는 것이 여느 보통 사람들의 생태와 하나 다를 것 없다는 점, 즉 무엇이든 쇠하여 썩고 난 다음에야 그로부터 새로운 것이 생성하는 이치처럼, 어떤 새로운 계율도 정반대되는 율법의 뒤를 잇지 못할 이유가 없다는 사실 말이다. 하지만 사람들을 하나의 법에서 또 다른 법으로 옮겨가기로 마음먹게 하는 일은 워낙 힘들거니와, 학식을 갖춘 이들 대부분은 종교적 문제에 관해서는 극도로 완고한지라, 예수 그리스도 역시 다른 혁신자들과 마찬가지로, 언제나 무지한 자들에겐 하나의 암초요, 야심가들에겐 피난처가 되어준 일부 기적들의 도움을 빌리게 된 것이다.

이런 식으로 기독교의 기반을 다진 데다 모세의 전략적 오류를 교묘히 이용할 줄 안 예수 그리스도는, 자신의 계율을 영원불멸의 것으로 만들어간 방법들에서만큼은 더 없는 성공을 거두었다고 할 수 있다. 대대로 히브리의 예언자들은 모세와 닮은 후계자, 즉 그처럼 도덕적이고 재력도 남다르며 적에게 무시무시한 모습을 보일 줄 아는 메시아가 언젠가 나타날 것이라 예언함으로써 결과적으로 모세에게 영광을 돌린다고 생각했다. 하지만 그런 예언은 정반대의 결과를 낳게 되었다. 그로부터 틈만 있으면 자기가 약속된 메시아라 주장하는 숱한 야심가들이 등장하는 바람에 이 오래된 국가는 끊이지 않는 폭동으로 만신창이가 되어버린 것이다.

모세와 같은 부류의 예언자들보다 한결 약삭빠른 예수 그리스도는 자기한테 맞서 일어설 자들을 아예 꼼짝 못 하게 하기 위해, 누구든 그런 자는 신의 적이요, 마귀들의 기쁨이며, 모든 악덕의 배출구이자, 세상의 비탄거리가 될 것임을 선언했다.[43] 내 생각에는 이 정도 엄청난 '찬사'를 무릅쓰면서까지 스스로 그리스도의 적(敵)임을 표방하려들 자는 없을 것이다. 아울러 하나의 법을 영원불멸의 것으로 만들기 위해 이보다 더 훌륭한 비결 또한 누구도 찾아내지 못할 것이다. 이른바 적(敵) 그리스도에 관한 풍문보다 더한 낭설이 있을 수 없다 해도 말이다.

사실 사도 바울은 이미 그런 존재가 세상에 났으며, 머지않아 적그리스도의 모습으로 수면 위에 정체를 드러낼 것이라 말한 바 있다.[44] 하지만 예언을 한 지 1,600여 년이 지난 지금까지 관련된 확실한 소문을 들었다는 사람은 하나도 없다.

정확히 말하자면, 일부 사람들이 그런 식의 얘기를 에비온과 케린투스*에게 갖다 붙인 적이 있기는 하다. 이들이 예수 그리스도의 신성에 이의를 제기하며 맞부딪쳤기 때문에 대표적인 그리스도의 적으로 지목되었던 것이다. 하지만 이렇게 말할 수 있을 것이다. 사도가 의도한 바에 부합할 리는 없겠지만, 저런 식의 얘기는 모든 세기에 무수한 수의 적그리스도가 존재한다는 뜻이라고. 이를테면 보니파키우스 8세라든가 레오 10세처럼, 예수 그리스도는 하나의 허구며 율법은 무지 때문에 만연하게 된 한 줌 몽상일 뿐이라고 말하는 것에 대해 진실을 훼손하는 행위라고 지적하는 진짜 현자는 하나도 없으면서

---

*   둘 다 1세기경에 활동한 그노시스파다.

말이다. 〞보니파키우스 8세(Bonifacius VIII)는 인간은 짐승과 똑같은 영혼을 가졌으며, 이런 인간과 짐승의 영혼은 그 어느 쪽도 다른 쪽 이상으로 사는 것이 아니라고 말했다. 또 복음서들은 율법서와 마찬가지로, 여러 가지 진실과 더불어 여러 가지 거짓도 가르쳤는데, 예를 들어 삼위일체는 가짜이고, 무염시태(無染始胎)는 불가능한 일이며, 신의 현현과 성체 안의 실체 변화 같은 건 우스꽝스런 소리일 뿐이라는 것이다. 그는 계속해서, 더 이상 성처녀를 믿으니 암탕나귀를 믿을 것이며, 그 여자의 아들 역시 암탕나귀의 망아지를 믿는 것만큼도 믿지 못하겠다고 말했다.* 레오 10세(Leo X)는 어느 날 집무실로 들어서면서 온갖 보화가 잔뜩 널려 있는 것을 보고는 이렇게 외쳤다고 한다. "예수 그리스도의 황당무계한 이야기가 우리 재산을 불리는 데 도움이 되긴 되는구나!"

§. 6.

그럼에도 불구하고, 그처럼 허약한 토대 위에서도 굳건히 건재해왔고 어리석기 그지없는 무지한 자들까지 설교자로 나섰던 종교라면, 웬만큼 신성하고 초자연적인 종교가 아니겠느냐는 주장이 있다. 마치 더할 나위 없이 말도 안 되는 견해들

---

* 중세 마지막 교황으로 평가받는 보니파키우스 8세와 관련한 이 일화는 출처가 불분명하다. 아마 정치적 야심이 과했던 이 세속적인 교황에 대해서 불확실한 상태로 떠도는 악의적 풍문을 그대로 옮긴 것이 아닐까 한다.

을 세상에 퍼뜨리는 일에 아녀자와 바보만큼 적임자들이 없다
는 사실 자체를 모르는 듯 말이다. 그러고 보면 예수 그리스도
가 철학자나 지식인들을 자기 사도로 절대 임명하지 않은 것
은 별로 놀랄 일도 아니다. 그는 자신이 내세우는 계율이 보편
적 양식(良識)과는 정반대라는 사실을 잘 알고 있었다. 그렇기
때문에 그토록 여러 군데에서 학자들을 노골적으로 탄핵했고,
자신이 말하는 왕국으로부터 배척했으며, 오로지 지력이 박약
한 자들과 단순한 사람들, 어리석은 자들만을 받아들였던 것
이다. 》기독교의 신앙과 교리는 인간의 보편적 이성과 판단에 비추어볼
때 매우 낯설고 과격하다. 인간의 이지력으로는 이해되지도 않고 결코 동
의할 수도 없으며, 나아가 불가능하고 괴이하게만 보일 뿐인 온갖 신조들
만 봐도, 그것이 모든 철학과 이성의 논리에 반한다는 것을 알 수 있다. 사
도 바울은 말하기를, 기독교를 믿고 받아들이기 위해서는 이지력을 믿음
에 굴복시켜야 할 것이며, 이성을 감금해서 얌전하게 만들어야 한다고 했
다. 그런가 하면 샤롱은 그의 저서 『세 개의 진실(Les Trois Vérités)』(부르
도출판사, 1593, p.180)에서 이렇게 고백하고 있다. "만약 철학에 귀를 기울
이고 의논을 하려거든, 그리하여 이성의 잣대로 사물을 측정하고 싶거든,
기독교의 모든 걸 훌훌 털고 떠나서 한낱 미친 짓거리에 불과했다며 코웃
음이라도 쳐야 할 것이다."

　　물론 합리적인 정신의 소유자들은 약간 맛이 간 저들과 같
이 취급되지 못한 걸 조금도 애석해하지 않는다.

§· 7·

지금 여기서 예수 그리스도의 다른 모든 책략을 다루고자 한다면, 처음 예정했던 범위를 지나치게 초과하는 일이 될 것이다. 더 관심이 있는 사람들은 그저 『신약성서』를 들춰보는 것으로 충분할 것이다. 믿음에 인색하고 학식을 갖춘 사람들이 보는 앞에서 기적을 선보이는 일을 예수가 얼마나 주도면밀하게 회피했으며, 얼마나 교묘하게 모세의 율법을 자신의 계율로 전사(轉寫)했는지 그 속에서 죄다 확인할 수 있다. 처음에 그는 모세의 율법을 말살하려는 것이 아니라 완성하기 위해 세상에 왔다고 주장했다. 그러다가 추종하는 무리가 점점 커지자 자신은 물론 제자들까지 그 율법의 준수의무로부터 벗어나기 시작했고, 실제로 그것을 어길 때마다 일일이 변명을 늘어놓곤 했다. 흡사 처음 권력이 공고하지 못할 때는 자기를 따르는 세력에 온갖 혜택을 내려줄 것처럼 약속했다가, 막상 권좌가 튼튼해지고 무슨 일이든 행할 수 있게 되면, 모든 약속을 팽개쳐버리고 마는 신흥군주들의 행태 그대로다. 설사 거기까진 아니라 해도 선임자들이 세운 예전 규약들을 해명하고 보다 공고히 한다면서, 실제로는 그 모두를 완전히 말살하고, 부지불식간에 자신의 새 법령으로 대체해버리는 약삭빠른 군주의 모습인 것만은 분명하다.

———

제9장

예수 그리스도의
윤리에 대하여

———

§. I.

예수 그리스도를 논할 때, 일반 철학자들과 구별되는 그만의 독특한 윤리에는 두 가지 문제가 눈에 띈다. 하나는, 그의 윤리가 인간으로서는 도저히 불가능하고 자연에 반하는 사항들을 요구하고 있다는 점이다. 예컨대 자기 자신을 미워하라느니, 원수를 사랑하라느니, 사악한 자들에게 저항하지 말라느니 하는 것들이다. 다른 하나는, 바로 자기 제자들과 추종자들 같은 거지와 떠돌이들이 무사히 연명할 수 있게 하기 위해 특별히 고안된 윤리가 아니냐는 점이다. 실제로 그 속에는 부자들의 인색함에 대한 저주가 끊이지 않고 등장한다. 그건 뒤집어보면 곧 남의 덕으로 먹고살라는 가르침이 아니겠는가? 그런 떠돌이들을 환대하는 사람과 가정, 마을과 도시들에는 축복의 지침이, 반대로 박대하고 내치는 곳에 대해서는 저주의 지침들이 넘칠 정도로 많다.

§. 2.

한편 예수 그리스도 윤리의 다른 측면을 들여다보면 고대의 저술들에서보다 더 신성한 무엇을 과연 발견할 수 있는가? 아니면, 고대의 저술에서 그대로 인용하거나 최소한 모방이 아닌 것을 발견할 수 있는가?

성 아우구스티누스[4]는 고대 저술들 중 몇몇 대목에서 사도 요한의 복음서 서두 전체를 그대로 발견했노라고 고백했다. 이 사도는 다른 저자들의 글을 노략질하는 데 어찌나 능수능란한지, 고대의 예언자들로부터 온갖 수수께끼와 비전(Vision)을 훔쳐다가 자신의 묵시록을 꾸미는 데 하나도 어려움을 느끼지 않았다는 것이다.

잡다한 파편더미를 짜깁기해서 성서를 작성한 랍비들이 위대한 철학자의 글을 차용한 것이 아니라면, 『구약성서』의 교리와 플라톤 철학 사이에 보이는 합치점들을 어떻게 설명할 수 있는가?

분명 이 세상의 개벽은 「창세기」에서보단 『티마이오스』[*]에서 얘기하는 것과 닮아 있다. 그렇다고 플라톤이 이집트여행을 했을 당시 고대 유대교의 문헌들을 읽었다고는 볼 수 없다. 성

---

[*]   Timaios. 플라톤의 자연과학에 관한 대화편.

아우구스티누스에 의하면,[46] 플라톤이 그곳에 갔을 때는 아직 프톨레마이오스*가 문제의 문헌들에 대한 번역작업을 개시하기 전이라는 것이다. 한편 『파이돈』에서 소크라테스는 시미아스를 상대로 『성서』의 낙원 모습은 저리가라 할 정도의 아름다움을 묘사하고 있다. 아울러 안드로귀노스(Androgynos. 남녀 추니)의 이야기야말로, 「창세기」에서 아담의 늑골로부터 하와를 만들어내는 것에 비해 얼마나 근사한 발상이냔 말이다. 불에 타버릴 소돔과 고모라의 운명과 불살라지는 파에톤의 운명보다 서로 더 닮은꼴의 운명이 과연 있을까? 요셉과 히폴리토스는 또 어떤가?** 네브카드네자르와 리카온은?*** 탄탈로스와 마음씨 나쁜 부자는? 이스라엘 백성의 만나와 신들의 암브로시아는? 그런가 하면 성 아우구스티누스와 성 키릴로스**** 그리고 테오필락토스*****는 하나같이, 사흘 낮 사흘 밤 동안 고래

---

* 　구약의 헬라스어 번역작업(그리스어 70인역)이 착수된 것은 프톨레마이오스 2세 때(BC 285-246)이며, 플라톤이 산 시기는 BC 427-347년이다.

** 　「창세기」 39장 7절-19절의 내용과 히폴리토스와 파이드라에 얽힌 이야기의 유사성.

*** 　바빌론의 왕 네브카드네자르가 장려한 바알 신앙에서 자식을 번제로 바치는 의식과 리카온과 그 아들들이 제우스에게 바친 인간제물의 유사성.

**** Kyrillos(AD 376?-444). 알렉산드리아 출신의 신학자.

*****Theophlatos. 9세기경에 활동한 니코메디아의 주교.

의 뱃속에 있었다는 요나를 트리녹티움[*]이라는 별명을 가진 헤라클레스와 비교하고 있다. 「다니엘서」 7장에 나오는 거대한 물줄기는 영락없이 '영혼불멸에 관한 대화편'^{**}에서 언급되는 퓌리플레게톤^{***}의 노골적인 모방이다.

누가 봐도 '원죄(原罪)'라는 것은 '판도라의 상자' 이야기를 빼닮았으며, 이삭과 입다^{****}의 희생은, 비록 암사슴으로 대체되긴 했지만, 이피게네이아의 희생과 닮아 있다. 롯과 그의 아내에 관한 이야기[47]는 필레몬과 바우키스에 관한 이야기에 완전히 부합한다. 요컨대 성서의 저자들과 헤시오도스 그리고 호메로스 사이에는 엄청난 연관관계가 꾸준히 확인되는 셈이다.

§. 3.

다시 예수 그리스도 본인에게 돌아가 보자. 오리게네스가 기록한 바에 따르면,[48] 켈수스는 예수 그리스도의 가장 멋진

---

*   Trinóctium. '사흘 밤'이라는 뜻. 제우스는 암피트리온이 원정을 떠난 틈을 타 그의 아내 알크메네를 남편인 것처럼 속이고 범하는데, 이때 밤의 길이를 세 배로 늘려놓고 동침에 들어갔다고 전해진다. 헤라클레스는 그 동침의 소산이다.
**   플라톤의 『파이돈』을 의미한다.
***   Pyriphlégethon. 그리스 신화에서 하계를 흐르는 지옥의 강 아케론의 지류.
**** '예프테(Jephte)'라고도 함. 「판관기」 12장 29절-40절.

명구(名句)들이 플라톤에게서 끌어온 것이라고 주장했다. 부자가 신의 나라로 들어가는 것은 낙타가 바늘귀로 지나가는 것보다 어려울 거라는 얘기가 그 예다.[49]

예수 그리스도를 추종하는 자들이 이른바 영혼불멸이라든지 부활, 지옥 그리고 그의 윤리 대부분에 대해 갖고 있는 신념은 예수도 그 일원인 바리사이파의 입장과 크게 다르지 않다. 특히 그의 윤리만큼은 많은 부분에서 에픽테토스나 에피쿠로스 등 많은 고대 철학자들보다 별로 돋보일 것이 없는 게 사실이다. 성 히에로니무스*는 유독 에피쿠로스를 들어 최고 수준의 기독교도들조차 부끄럽게 만들 정도의 덕성을 지닌 인물로 추켜세운 바 있다. 그도 그럴 것이, 이 인간은 매일의 일과라는 게 약초와 과일을 재배하면서 극히 절제된 생활을 하는 것이었고, 치즈와 빵 조금 그리고 마실 물이면 최고의 식사로 대만족이었으니 말이다. 그처럼 검소한 삶을 살면서 또 말하기를, 올곧은 이성을 갖추지 못한 채 부유하고 풍요롭게 먹고살기보다는 빈곤하면서 이성을 가지고 사는 게 훨씬 낫다고 했다. 아울러 재산과 지혜가 한 사람 안에 깃들기는 극히 드문 일이며, 우리가 절제와 정의, 정직을 진정 든든한 쾌락의 요건

---

* Hieronymus(340?-420). 로마 제정 후기시대 주요한 신학자이자 성서학자.

으로 삼으면서 행복을 찾지 않으면 결코 즐겁게 살아갈 수 없을 거라고 덧붙였다.

에픽테토스로 말하자면, 예수 그리스도를 포함해서 세상 누구도 그보다 더 준엄하고 더 강건하며 잡다한 열정에서 훌쩍 벗어나 더 한결같을 수는 없다는 게 나의 견해다. 내가 얘기하는 내용은 결코 증명하기 어려운 것이 아니다. 하지만 자칫 논지를 벗어날 우려가 있으므로, 이 철학자의 인생에서 몇몇 아름다운 행실을 들춰보는 것으로 그 심지가 얼마나 단단한지 예시하는 데 만족할까 한다. 네로 황제의 근위대장 에파프로디투스의 노예였던 그는, 거친 성격의 주인이 자신의 다리를 장난삼아 비틀려는 것을 보고 빙그레 웃으며 이랬다는 것이다. 계속 그러다 보면 결국 이 다리가 분질러지고 나서야 주인님의 놀이가 끝이 날 거라고. 아니나 다를까, 잠시 후 정말 얘기한 대로 사태가 벌어지고 말았단다. 가관인 것은, 그가 여전히 똑같이 웃는 얼굴로 한다는 말이, 허어, 그것 보십시오, 다리를 분지를 거라고 제가 말씀드리지 않았습니까? 하더라는 것이다. 사람의 심성이 어찌 그처럼 의연할 수가 있을까? 예수 그리스도라면 과연 그 정도까지 덤덤할 거라고 자신 있게 말할 수 있을까? 조금만 위협을 해도 눈물과 땀으로 범벅이 되고, 죽음이 임박했을 땐, 훗날 그를 위해 순교한 무수한 사람들에게서도 보지 못한 영혼의 추태까지 고스란히 드러낸 그가 말이다.

　만약 이 철학자의 삶과 죽음에 관해 아리아노스*가 저술한 책을 세월의 횡포가 앗아가지 않았던들 우리는 이와 같은 인상적인 예를 더 많이 얻었으리라 확신한다. 솔직히 나는 이런 사례를 두고, 어지간히 무지한 자들이 철학자의 미덕에 관해 왈가왈부하듯, 생각 없는 입방아를 찧는 자들이 분명 있으리라는 건 익심치 않는다. 이를테면 저건 그저 오기로 저러는 것일 뿐 진짜 미덕이라곤 볼 수 없다는 식으로 말이다. 하지만 그런 말을 뇌까리는 자들이란 항상 강단(講壇) 뒤에 숨어서나 입을 놀리기 일쑤라는 사실 또한 나는 잘 알고 있다. 그곳에서야 좋든 나쁘든 무슨 말이든지 할 권리가 있을 테니까.

　나는 또한, 허깨비에 헛바람이나 팔아대는 덩치만 큰 교회들이, 정작 도덕이 훼손되는 걸 참지 못하는 올곧은 이성의 소유자들을 온갖 수단을 다해 탄핵하면서, 자기들은 민중을 가르침으로써 나라의 녹을 받아먹는 중입네 하고 있다는 것 역시 잘 알고 있다. 그런고로, 참다운 가치를 매도하고, 그저 빵 벌어다주는 자리를 차지하기 위해서만 공부한 것 같은 저 무지한 자들의 행태만큼 진정한 지식인의 덕성과 거리가 먼 것도 없

---

*　Flavius Arrianus(95-175). 그리스 출신의 철학자이자 역사가로 에픽테토스의 제자였으며, 훗날 알렉산드로스 대왕의 원정기를 집필하기도 했다.

을 것이다. 그들이 지금 눌러앉은 그 자리는 여태껏 우상시하고 매달려온 만큼, 일단 차지한 것 자체만으로 난리법석 환호할 일일 터이다. 막상 자신들이 설교하는 종교의 강령들을 지킬 생각은 거의 하지 않으면서, 오로지 자기도취와 안락함, 쾌락과 오만을 만족시켜준 그 자리가 무슨 완벽의 경지라도 되는 듯 착각하고 있는 꼴이다. 하여튼 미덕이란 무엇인지에 대해 깜깜할 따름인 그들은 일단 제쳐두고, 이제부턴 그들의 스승이라고 하는 자의 신성과 교리를 자세히 들여다보기로 하자.

제10장

예수 그리스도의
신성에 대하여

§. 1.

모세의 율법을 대유행시킨 부류가 히브리인들 가운데서도 가장 무지한 축에 드는 사람들이었듯, 예수 그리스도를 죽자고 추종하는 무리 역시 그랬다. 워낙에 수도 많거니와 서로가 서로를 거의 맹목적으로 아껴주는지라, 그들 사이의 오류가 그토록 쉽사리 퍼져 나갔다 해서 하나 놀랄 일이 아니다. 그렇다고 돈 없고 힘없는 상황에서 무작정 혁명가만 따라다닌다고 고통이 덜한 것은 아닐 터이다. 다만 희망으로 내다보는 영광된 미래가 지금의 어려움을 많이 완화시키는 건 사실이다. 그렇기에 예수 그리스도의 사도들은 이삭에서 떨어진 밀 알갱이로 주린 배를 채우고[50] 피곤한 몸을 쉬려고 찾아든 곳에서 수치스럽게 쫓겨나는[51] 비참한 지경을 견뎠던 것이다. 그들의 용기가 비로소 꺾이기 시작한 것은 자기들 스승이 형리(刑吏)들 손에 붙잡혀 그간 약속해온 영광과 광휘가 일거에 아득해졌을 때였다.

한편 스승이 죽은 뒤, 결정적으로 희망이 좌절되고 잔당까지 모조리 제거하려고 혈안이 된 유대인들에게 쫓기면서도, 제자들은 자기들한테 맡겨진 사명을 알아서 추진했다. 즉 한 여인의 보고를 근거로[52] 스승의 부활을 증언하고, 그분의 신성 과 지난 모든 이야기들을 전파하기 위해 방방곡곡으로 흩어져 간 것이다. 이는 급기야 율리아누스 황제*로 하여금, 기독교를 한낱 날조된 기적 이야기에 근거해 인간의 상상이 빚어낸 터무 니없는 이야기로 판단케 하고 결정적으로 등을 돌리게 만들었 지만 말이다.

유대인들 틈에서 겪어야 할 고통이 크면 클수록 제자들은 이방인들을 더 열심히 찾아 나섰고, 고향에서보다 타향에서 더 효과적으로 포교할 수 있는 방법을 모색하기 시작했다. 그 런데 도무지 운신이 만만치 않았다. 자기들의 학문과 지식이 워낙 딸리는 데다, 이방인들 가운데는 그깟 시시껄렁한 이야 기에 혹하기엔 진리가 너무 친근한 철학자들도 다수였던 것이 다. 그들은 자기들보다 좀더 활달하고 대범한 정신의 소유자, 요컨대 어부들보다는 더 배우고 언변도 뛰어난 어느 젊은이를 포섭해 내세우기로 했다. 이 젊은이는 어쩌다 청천벽력을 당해 잠깐 눈이 먼 뒤부터 유대인 틈에 섞여드는데, 그도 그럴 법한

---

*   Flavius Claudius Julianus(331-363). 일명 배교자(背敎者)라 불리며. 그리스도교를 박해함과 동시에 신플라톤 철학과 미트라교에 기반한 이교의 부흥을 기도했다.

게, 만약 그런 예외적 상황에 부닥치지 않았던들 하찮은 사기술에 혼비백산 넘어갈 위인이 아니었다. 여하튼 젊은이는 눈을 뜬 뒤, 자기가 겪은 신기한 경험과 보았다고 믿은 환상, 거기다 고대의 시인들이 읊은 우화 속의 지옥에 대한 공포심, 훗날 마호메트가 제시한 것만큼이나 감당해내기 어려운 낙원과 영광스런 부활에의 희망 등을 한데 뭉뚱그려 떠벌림으로써, 몇몇 단순한 영혼들부터 차근차근 예수 그리스도에게로 이끌어갔다. 그 결과 이곳저곳에서 저 유대인 스승이 신으로 통하는 영광을 누리게 되었는데, 그가 살아 있을 땐 결코 이룰 수 없던 일이었다. 어쨌든 바로 그 점에서도 그의 운명이, 살아생전 일곱 개의 도시로부터 온갖 멸시와 더불어 쫓겨났지만 죽고 나서는 그 모든 곳에서 칭송을 받는 호메로스의 운명보다 별반 나을 것도 없는 것 같다. " 무려 일곱 개의 도시가 호메로스의 출생지일 가능성이 있는 곳으로 추측되고 있다.

§. 2.

이상만 봐도 기독교 또한 인간의 변덕에 좌지우지되는 것인듯 싶다. 사람들이 그때그때 어떤 기분이냐에 따라 그들 생각 속에서 전부 좋거나 전부 나쁘다는 판단이 가능한 듯하니 말이다.

한편 사도 요한이 말한 대로 만일 예수 그리스도가 신이라면, 자동적으로 신은 육신을 가지게 되고 인간의 성질을 취하고 있다는 얘기가 된다. 이건 마치 원이 사각형의 성질을 가진다거나, 전체가 부분이라고 말하는 것만큼 엄청난 모순을 뜻할 수밖에 없다. 실제로 저 높은 곳에 거하면서 유일하게 완전무결한 존재인 신이, 가장 혐오스런 버러지와 가장 위대한 군주의 차이보다 훨씬 더 큰 차이로 자신과는 비교조차 불가능한 존재들과 더불어 살기 위해, 그 영광스런 천상옥좌를 박차고 이 지상에 내려왔다는 게 과연 말이나 될 법한 얘기인가?

자신이 직접 쇠사슬로 묶어놓았다는 추락한 천사들 중 한 놈의 횡포와 억압으로부터 오로지 인간을 구하기 위해, 신의 몸으로 미천한 존재의 나약하고 비참하며 혐오스런 거죽을 뒤집어쓴다는 게 말이 되느냔 말이다. 전지전능하다는 신이면서도 자기 스스로를 그토록 기이하게 낮추는 방법밖에는 인간을 철천지원수의 손아귀로부터 벗어나게 해줄 도리가 정녕 없었단 말인가? 그 따위 개미나 구더기만도 못한 존재들로부터 당한 모욕을, 마치 그런 것에 진짜 타격을 입었기라도 한 것처럼 씻어버리려고 자기 자신의 격(格)을 그렇게까지 낮추다니! 요컨대 인간의 무례와 도발을 문제 삼는 신성(神性)의 분노를 무마해 용서를 얻어내고, 그들의 죽음을 요구하는 무한한 정의(正義)와도 적절히 타협하기 위해, 꼭 그렇게 인간들 대신 잔혹하고 수치스러운 고통 속에 스스로를 내맡겨야 했단 말인가? 정말로 변변찮은 인간이란 존재 때문에 심각한 타격을 당했다면서, 신성을 갖춘 자의 고유한 권한조차 제대로 행사하지 못한 것 아닌가? 죄 지은 자들을 신성과 화해시키지도 못했으며, 고생은 고생대로 하고 아량 넓게 용서해주지도 못한 꼴이 되지 않았는가?

아무튼 더 이상은 이런 식의 뻔한 모순들을 짚어내느라 시간을 허비하기도 부끄러운 지경이다. 따라서 이제는 마호메트로 넘어가 볼 생각이다. 그는 기독교 창시자들이 내세운 준칙들과는 아주 대조되는 계율을 세운 자이기에 충분히 들여다볼 가치가 있다.

제11장

_____

마호메트에
대하여

_____

§. I.

예수 그리스도의 제자들이 모세의 율법을 파기하고 기독교 계율을 도입한 지 얼마 되지 않아, 사람들은 또 변덕에 휩쓸리며 모세처럼 무력으로 일어선 새로운 입법자의 법을 따르기 시작했다. 예언자라느니 신이 보낸 자라느니 하는 허울 좋은 명칭은 이번에도 역시 꼬리표처럼 따랐다. ""한 친구가 골리우스*에게 마호메트의 추종자들이 그들의 예언자를 무어라고 부르냐고 묻자, 고명하신 아랍어 교수께서 답변으로 투르크어 문헌에서 발췌한 다음 내용을 보내왔다. 거기엔 희대의 사기꾼의 요약된 생애가 비교적 상세히 담겨 있었다. 예언자 중 가장 위대한 예언자이신 마호메트 무스타파 님은 아누시르반** 제국 40년째 되던 해에 세상에 태어나셨다. 그의 성스러운 탄생은 정확히 두 번째 라비아*** 12일째에 일어났다. 그의 나이가 어언 40세로 접어들 무렵, 갑자기 신적인 영감과 더불어, 신이 충직한 가브리엘을 통

---

*   Jacobus Golius(1596-1667). 네덜란드의 동방학자, 천문학자, 수학자.
**   호스로 1세. 재위 531-579.
***   지금으로 말하면 4월이다.

해 보내준 예언의 관(冠)과 공무(公務)의 의복, 그리고 만인을 이슬람교도로 만들라는 소명을 받게 되었다. 이와 같은 신의 계시를 받은 뒤에도 그는 13년 동안 메카에 계속 머물렀다. 그러고는 나이 53세 때, 라비아 8일째 되던 날 금요일, 비로소 메디나로 도피하게 된다. 그렇게 도피를 한 뒤 10년째가 되던 해, 열한 번째 달의 스무 번째 날, 63년간의 축복받은 그의 삶은 드디어 희열로 가득한 신의 현존에 합류했다. 혹자는 그가 아버지 압드 알라 생전에 태어났다고도 하고, 또 다른 사람들은 아버지가 사망한 후에 났다고도 한다. 와히베의 딸인 그의 어머니 아미나는 베니사드족 출신의 할리마를 아기의 유모로 들였다. 할아버지 압드 알 무탈리브는 아기에게 마호메트(무함마드)라는 이름을 지어주었다. 마호메트는 훗날 네 명의 아들과 네 명의 딸을 두었는데, 아들들 이름은 카심, 이브라힘, 타지브, 타히르이고, 딸들 이름은 파티마, 음모 켈툼, 라키아, 자이네브다. 또한 신이 보낸 이 근엄한 자에겐 아부베케르와 오마르, 오스만 그리고 알리라고 하는, 그 역시 성스런 친구들이 함께했다." 물론 그도 약삭빠르게 기적이라는 것을 행했으며, 언제나 놀랄 만한 구경거리를 찾는 대중의 약점을 공략했다. 그는 다른 사기꾼들과 마찬가지로 무지한 군중의 비호를 받았고 하늘로부터 부여받았다는 새로운 신탁을 떠벌렸다. 무지하면서도 쉽게 들뜨는 자들은, 계율을 잘 지키는 사람들에 한해 들뜬 기분을 최고로 만족시켜줄 낙원을 약속받고는, 사기꾼의 이름을 사방으로 퍼뜨려주었다. 그렇게 마호메트의 이름이 열광의 대상으로 떠오르면서 이전까지의 선구자들

이름은 차츰차츰 뒷전으로 물러났다.

§. 2.

　그의 기세가 치솟기 시작하고 이름이 아라비아 반도 전체로 퍼져 나가자, 당시 실력자 쿠라이시는 어느 날 갑자기 나타나 대중을 현혹하는 별 볼일 없는 시내를 공공의 적으로 규정하고 사사건건 훼방을 놓으며 압박했다. 하지만 결국에는 쿠라이시 일족이 굴복하고, 민중은 마호메트를 신성한 인간으로 받들어 그의 새로운 계율에 맹목적으로 복종하게 되었다. 그토록 막강한 상대마저 맥없이 허물어지는 걸 본 그는 이제 자신의 동지 외엔 아무도 두렵지 않았다. 혹시라도 동지 중 누군가 자신의 사기행각을 폭로할까 걱정하였고 그에 대한 방비책에 골몰했다. 그는 그럴듯한 약속들로 동지들의 마음을 호리는가 하면, 자기는 추종자들에게 값비싼 영화(榮華)를 선사할 뿐 스스로 거창한 존재가 될 마음은 없다고 장담했다. 그는 동지들의 머잖은 앞날에 출세의 상서로운 기운이 닥칠 것이라고 장담했다. 이미 많은 군중을 거느린 상태이며 대중의 정신을 사로잡고 있다고. 다만 그들에게 보다 확고한 믿음을 주기 위해 전에도 써먹었던 기발한 작전이 다시금 필요하다고 했다. 즉 신탁의 구덩이에 몸을 숨긴 채, 신의 음성을 흉내내달라는 것이었다. 사기꾼의 달콤한 설득에 넘어간 동지 한 명이 신의 음성을 꾸며대기 시작했다. 마호메트의 목소리와 함께 군중의 시끌벅적한 아우성이 들려오자 미리 약속한 대로 이렇게 소리쳤다. "모두의 신인 내가 말하노니 잘 들어라. 나는 마호메트를 만민의 예언자로 세웠노라. 너희들은 바로 그를 통해서만 나의 진짜 계율을 배울 것이다. 유대인과 기독교도들이 내가 예전에 내려준 율법을 변질시켰기 때문이다." 》 이 일에 관해 노데*는 조금 다른 식으로 기록하고 있다. 그에 의하면, 마호메트가 하루는 자기 하인들 중 가장 충직한 한 명을 골라, 대로변 깊고 마른 우물 속으로 들어가 있다가, 자기가 무수한 군중을 이끌며 그 옆을 지날 때, 이전에도 그래왔듯이 이렇게 소리를 치라고 지시했다는 것이다. "마호메트는 신이 총애하는 자로다! 마호메트는 신이 총애하는 자로다!" 결국 의도했던 대로 일이 벌어졌고, 마호메트는 이와 같은 계시를 내려주신 것에 대해 잽싸게 신께 감사드렸다. 아울러 거기 있던 모든 사람들에게 당장 우물을 돌로 메우고, 그 위에 자그마한 사원을 지어 이 기적을 길이길이 기념하도록 호소했다. 결국 그 가엾은 하인은 그대로 쏟아지는 돌무더기 아래 생매장되었고 그 기적의 허상을 까발릴 기회 역시 영영 사라져버렸다.

사실 그 딱한 동지가 그와 같은 역할을 수행한 것은 오래전부터였다. 그런데 이번에는 아주 배은망덕한 방식으로 그에 대

---

*   Gabriel Naudé(1600-1653). 프랑스의 인문학자이자 의사이며 최초로 도서관학의 기틀을 세운 인물.

한 보상을 받고 만다. 자신을 신성한 인간으로 선언하는 목소리를 듣자마자 마호메트는 이미 열광에 빠져 제정신이 아닌 군중을 향해, 신의 이름을 빌려 문제의 구덩이를 돌멩이로 메우라는 명령을 내린 것이다. 옛날에 신이 모습을 드러낸 걸 기념하기 위해 야곱이 돌덩이를 세운 것처럼 말이다.[53]

이런 것이 바로 마호메트를 위대한 인물로 띄우는 일에 몸 바친 가엾은 동지의 운명이었다. 즉 이런 식으로 메워진 돌더미를 토대로 해서 역대 유명 사기꾼 가운데 최종주자가 자신의 법통을 세웠다는 얘기다.

그 토대가 얼마나 단단한가 하면, 세상을 풍미한 지 1,000여 년이 지났는데도 아직 흔들릴 기미가 전혀 보이지 않을 정도다.

§. 3.

이렇게 해서 마호메트는 결국 출세했다. 예수 그리스도보다 행복하게도, 그는 생전에 자신의 법이 줄기차게 뻗어 나가는 것을 볼 수 있었다. 아울러 야심이 지나쳐 수명을 재촉하고 만 모세보다 다행스럽게, 자신의 교의(敎義)가 사후에도 지속될 것이라는 확신 속에서 온갖 명예를 누리며 편안하게 임종을 맞았다. 워낙 말초적 쾌락과 무지에 길든 신봉자들의 기질과 취향에 자신의 교의를 적절히 부합시켰던 셈이다.

자, 독자들이여. 우리는 역사상 가장 유명한 입법자들 네 명에 관한 놀랄 만한 사실들을 살펴보았다. 그들은 지금까지 그려 보인 모습 그대로다. 이제 과연 그들을 따를 것인지, 야심이 세워 일으키고 무지가 떠받들어온 이들 길잡이들을 그대로 믿고 따라갈 것인지는 여러분 자신이 판단해야 한다.

여러 종교와 창시자들, 그들의 술책과 속는 대중의 미신 섞인 어리석음에 관해 지금까지 이야기한 내용들은, 고대와 현대를 통틀어 이런 문제들을 논한 일급 저자들의 견해와 우리의 생각이 얼마나 빈번히 합치하는가를 많은 증거자료를 통해 보여줌으로써 충분한 설득력을 확보할 수 있다. 하지만 그 모든 자료를 제시하기엔 공간이 턱없이 모자라기에 일단 같은 문제를 논한 유명한 현대작가 두 명의 글을 소개하는 것으로 만족하고자 한다. 》피에르 샤롱*과 가브리엘 노데다. 둘 다 종교로부터 완전 자유롭지 못해 아직은 미신을 떨치지 못한 어중간한 수준을 보이고 있으나, 그럼에도 불구하고 가톨릭적인 문체와 신중함 너머 우리와 마찬가지로 자유롭고 강력한 이야기를 하고 있다는 걸 느낄 수 있으리라. 이제 그들의 저작에서 꼼꼼하게 발췌한 몇몇 대목들을 읽으며 여러분 스스로가 한번 판단해

---

*   Pierre Charron(1541-1603). 프랑스의 신학자이자 철학자. 몽테뉴의 친구.

보기 바란다. ⁾⁾ 이후 제12장부터 제17장까지는, 샤롱의 저서『세 개의 진실』과 노데의 저서『지혜에 관하여』,『쿠데타에 대한 정치적 고찰』에서 발췌한 글들이다.

제12장

———

여러
종교들

———

§. 1.

세상에는 이른바 시대를 이끄는 주류로서 엄청난 명성과 신뢰를 누렸던 종교가 다섯 개 존재한다. 이들은 공교롭게도 거의 연속적으로 시대를 이어가며 차례차례 나타났는데, 놀라운 점은 발생지점이 거의 같은 지역이라는 사실이다.

첫째, 자연신앙은 팔레스타인 지역에서 인류의 출현과 함께 시작되었다.

둘째, 이교신앙*은 대홍수가 지나고 무모한 무리들이 바벨탑을 올리는 도중 언어의 혼란 때문에 뿔뿔이 흩어진 얼마 뒤에 생겨났다. 따라서 이 세상이나 자연신앙보다는 젊지만 예수 그리스도 탄생 시점보다는 무려 2,000년 정도 역사가 깊은 셈이다. 칼데아 지방**에서 발흥했다.

셋째, 유대교는 아브라함과 더불어 이교신앙보다 약 100년

---

* 기독교와 히브리 민족의 관점에서 모든 이방인과 그 종교를 일컫는다.
** 바빌로니아 지방.

늦게 만들어졌다. 자연신앙과 마찬가지로 팔레스타인 지역에서 발흥했다.

넷째, 기독교는 세상이 개벽한 지 약 4,000여 년이 지나, 예수 그리스도에 의해 팔레스타인 지역에서 발흥했다.

마지막으로, 마호메트교는 기독교보다 600여 년 뒤 아라비아 지방에서 발흥했다.

이상 세계에서 가장 유명하다는 주요 종교 다섯 가지는 그 휘하에 여러 잡다한 종교들을 포함하고 있다. 특히 이교(異教)라 불리는 종교가 그렇다. 과연 무슨 수로 이교는 세상에 그토록 오랜 기간 넓게 퍼져 융성할 수 있었을까? 아무래도 그건 신성을 떠받드는 방법들이 워낙 제각각인 데다, 서로 다른 신조와 견해들에 따라 여러 가지 분파로 나누어지는 게 가능했기 때문이리라. 그중에서도 사도 바울이 이교를 유대교와 비교함으로써 지적한 세 가지 유형을 특별히 주의해서 살펴볼 만하다. 일단 바바리안 유형은 구체적인 계율도 없고, 규칙도 없으며, 이렇다 할 의식(儀式) 역시 존재하지 않는다. 그냥 각자 자기 멋대로 종잡을 수 없는 신성을 떠받들고 칭송할 따름이다. 그러나 나머지 두 유형은 상이하긴 하지만, 정해진 고유의 봉헌의식과 구체적으로 명시된 전례(典禮)를 갖췄다. 먼저 스키타이* 유형은 의식과 전례를 갖추되, 다소 잔혹하고 피비린내 나는 성격이 강하다. 반면 그리스 유형은 대단히 정치적이고 인간적인 의식과 전례를 갖추고 있다. 다만 그 역시 민족과 주창자들에 따라 다양한 편차를 보인다. 예컨대 본래의 그리스인들이 시인들과 철학자들의 감화를 받은 경우, 이집트인들이 신관들의 지도를 받은 경우, 켈트족이 드루이드 승려들의 가르침을 따른 경우, 그리고 로마인들이 무녀들의 신탁서와 누마 폼필리우스의 법전에 의존한 경우, 페르시아인들이 마법사들의 조언에 귀 기울이고, 인도인들이 바라문과 나체 고행자들의 계도(啓導)를 따른 경우, 모두 제각각의 모습을 띠는 것이다.

하긴 이런 점에서는 뭐니 뭐니 해도 기독교가 다른 모든 종교들을 한참 앞선다고 볼 수 있다. 기독교 안에서 발견되는 온갖 차이점과 분파들을 여기서 일일이 열거한다는 건 시간 낭비일 것이다. 우선적으로 교리상 몇몇 사항들에 대한 서로 다른 민족 간의 차이점들로 인해, 그리고 무엇보다 신을 모시는 의식의 측면에서 그리스식, 라틴식, 에티오피아식, 시리아식, 아르메니아식, 인도식, 모스크바식, 기타 등등 이루 헤아릴 수 없을 만큼 다양한 유형 간의 편차가 존재한다. 아울러 같은 민족 안에서도 교리를 둘러싼 견해와 신조가 서로 달라서 또 그

---

*　　현 러시아 남부지방.

만큼의 이단과 세부 분파가 형성되어 있다. 마지막으로 전반적인 전례행사와 외적 방법론에 따라 교단과 직종, 삶의 방법 등에서 엄청난 다양성이 존재한다. 그 모든 것이 예전부터 지금까지, 오직 한 우두머리의 기치 아래 기독교도라는 이름으로 한데 뭉쳐 있는 셈이다.

§. 2.

이들 여러 종교들은 대개 엇비슷한 이유를 내세워 서로 경쟁하는 가운데 자신의 입장을 방어하고 정립하고자 애쓴다. 그런 와중에서 제각각 자기만의 기적과 성인들, 성공사례들을 끌어다대는 것이다. 말하자면 그런 것들이 공통으로 사용하는 무기인 셈이다. 특히 어떤 권리와 특전(特典)을 꼽으면서 타종교보다 우위에 서기를 갈망한다. 자연신앙은 근원이 다른 어느 종교보다 오래되고 단순하다는 점을 주장한다. 그것으로 이미 충분하며 나머지 요소들은 불필요한 첨가사항일 뿐, 오히려 분쟁과 논란만 불거지게 만들 따름이라는 거다. 그런가 하면 보다 문명화된 이교신앙은 다양한 학문적 성과와 멋진 담론들, 윤리적 정치적 규약들을 내세운다. 미덕이란 그런 것들을 통해 드러나는 법이며, 그에 익숙한 국민 모두가 잘 단련되고 세련된 행동양식을 보인다는 것이다. 그 다음, 유대교와 마호메트교는 둘 다 공통적으로 자기들의 유일신이, 신앙 면에서

나 외적 행태 면에서 기독교의 삼위일체나 이교의 다수성(多數性)과는 비할 수 없을 만큼 단순 명쾌하다는 점을 강조한다. 거기에다 유대교는 한 발 더 나아가 혈통의 존귀함과 유구한 전통을 내세우면서, 처음 창시된 토대와 발전과정에서 공히 확인되는 하늘의 가호와 여러 기적들, 그리고 무엇보다 엄청난 예언자 목록을 자랑한다. 이에 비해 제일 막내격인 마호메트교는 비교적 짧은 시간에 엄청난 번영을 달성히고 위대한 승리를 수차례 거두었다는 점에서 득의양양해 한다. 특히 창시된 초기에 유일하게 우위를 점하고 있던 기독교의 권세에 막대한 타격을 입힌 사실이 우쭐할 만한데, 그만큼 거의 전 세계에 걸쳐 이 종교는 두려움의 대상이었던 것이다.

한편 각 종교 나름대로 상대 종교로부터 당하는 비난 때문에 곤혹스러워하는 측면도 있다. 자연신앙의 경우 이건 진정한 종교랄 수 없으며, 너무 모호하고 불확실한 데다, 뭘 금지하거나 지시하는 요점이 없다는 비난이 가능하다. 이교신앙의 경우는 인간을 희생제물로 바친다거나, 말 없는 사물을 숭배한다는 것, 조잡스러울 만큼 많은 신의 수, 그 신들 사이의 복잡한 혈족관계와 근친상간, 진정 최고신의 존재를 파렴치하게도 등한시한다는 점이 비난의 요점으로 작용한다. 유대교의 경우는 예언자들에 대해 다소 가혹한 측면이 있다는 지적과 자신들을 제외한 모든 민족에게 혐오감과 불쾌감을 주며 맹신적이라는 비난이 있다. 기독교의 경우 감히 신과 맞먹는 아들을 만들어냈다는 것, 형상들을 떠받든다는 점, 그리고 온갖 도박과 요행, 간음, 신성모독으로 오염된 일부 신자들의 생활이 문제가 된다. 마호메트교의 경우는 자체에 내재하는 노골적인 육체적 물질적 허영이 우선 비난의 대상이다. 코란을 보면 그와 관련해 정말이지 참고 보기 힘든 어리석은 소리들로 득실거린다. 또 지금까지 이룬 풍요와 번영의 과정이 온통 검(劍)과 전쟁, 살육 등으로 점철되었다는 사실도 비난거리다.

사정이 그런 만큼 각 종교를 지지하는 '선생들'의 행태는 여전히 서로를 미워하고 무시하고 경멸하면서, 서로가 서로를 맹신자라, 저주받은 자라, 낙오자라 몰아붙이는 형국이다. 흡사 공수병에라도 걸린 미친개들처럼 서로 못 잡아먹어서 난리다.

종교의
다양성에 대하여

§. 1.

무엇보다도 이 세상에 예니 지금이나 그도록 임청나게 나양한 종교가 존재한다는 사실 자체가 놀라운 일이다. 그것들 각각이 아무리 괴이하고 엉뚱하다 해도 그건 둘째 문제다. 인간의 이지력이 그렇게 많은 사기술에 현혹되고 바보가 되어버릴 수 있다니 얼마나 신기한 일인가. 어쩌면 세상 위아래 할 것 없이 아직 신격화되지 않거나 섬김 받을 자리를 찾지 못한 존재는 하나도 남아나지 않은 것 같다.

§. 2.

종교들은 모두 몇 가지 점에서 서로 부합하고 거의 동일한 원칙과 기반들을 가지며 일정 명제에 동의하면서, 같은 발전 도정을 거치며 비슷한 발걸음을 내딛는다. 또 거의 같은 기후 조건 아래서 태동했다. 하나 예외 없이 기적, 신탁, 비의, 예언자, 축제, 신앙에서 몇 가지 조항들, 그리고 구원에 대한 필수불가결한 믿음 등등을 갖추고 있다. 다들 그 기원과 시작은 미미하고 보잘것없었으나, 대중 속으로 전염되는 환호의 분위기와 미리 앞서가는 과장된 풍문을 통해, 차츰차츰 제 입지를 굳히고 스스로의 권위를 정립해간다. 그러다보면 아주 말도 안 되는 점들까지 긍정과 헌신의 대상으로 여겨진다. 모두가 주장하고 가르치기를, 신이란 존재는 우리의 기도와 선물, 다짐과 약속, 축제와 향연을 통해 마음이 누그러지고 너그러워져서 우리 편이 되어준다고 한다. 신을 섬기는, 그리하여 분노를 잠재우는 대신 은총을 이끌어내는 가장 중요하면서 기분 좋고 강력한 방법은, 고행을 찾고 절제하며 되도록 힘들고 어려운 숙제를 스스로에게 부과하는 것이라고 모두들 믿고 있다. 그 증거로, 세계 방방곡곡 어느 종교를 들여다보든, 놀랍도록 다채롭고 고통스러운 수련행위에 상습적으로 탐닉하는 교단과 단체, 공동체가 무수히 많아, 제 몸을 사정없이 짓찧고 훼손함으로써 그런 고통에서 멀리 떨어진 일반 사람들보다 자신들이 훨씬 바람직하다고 믿는 자들로 넘쳐나고 있다. 매일같이 새로운 수련방법들이 등장하고, 그렇게 인간의 정신은 자기 자신에게 괴로움을 부여하는 별의별 수단들을 한도 끝도 없이 발명해낸다. 이는 신이 자기 피조물의 고통과 파멸을 기뻐하고 즐긴다는 생각으로부터 비롯된 것인데, 사실 그런 생각은 온갖 희생제의(犧牲祭儀)의 저변에서 예외 없이 확인되며 기독교 발생 이전부터 전 세계적으로 광범위하게 횡행하고 있었다. 신에게 좀

제13장

더 나은 선물을 바치기 위해 죄 없는 짐승을 유혈이 낭자하도록 도륙하는 것부터, 심지어 (제정신을 잃은 인간의 도취상태란 얼마나 기이한 것인가!) 젖먹이 아기나 어린아이, 무고한 사람, 어른 할 것 없이, 죄 지은 사람이든 멀쩡한 사람이든 가리지 않고 학살하는 행태가 거의 모든 민족 모든 나라의 내로라하는 종교에서 버젓이 이루어져온 것이다. 그중에서도 5년에 한 번 꼴로 남자 한 명을 제비 뽑아 자기들의 신 잘목시스에게 보내, 필요한 것들을 구하는 어느 종족의 행태는 참으로 가관이다.* 그들은 희생자를 단번에 죽음으로 내몰기 위해 아주 끔찍한 방법을 사용하는데, 꼿꼿이 세운 세 개의 기다란 투창 끝을 향해 사람의 몸뚱어리를 냅다 들어 던지는 것이다. 그들은 던져진 희생자의 몸뚱어리가 창에 제대로 꿰뚫어져 절명할 때까지 몇 차례건 계속해서 희생자를 제비 뽑아 던진다. 그러다 죽는 자가 나오면, 그때서야 죽은 사람이 신이 바라는 제물이라고 판단한다. 페르시아에서는 크세르크세스 왕의 아내인 아메스트리스가 나라의 전통종교에 의거해 귀족가문의 어린 자제들 열네 명을 한꺼번에 생매장시켰다고도 한다.** 그런가 하면 카

* 헤로도토스의 『역사』 제4권에서 소개되고 있는 게타이인의 주신(注神) 잘목시스(Zalmoxix)와 그를 둘러싼 희생제의 이야기다.
** 헤로도토스의 『역사』 제7권. 노년에 접어든 아메스트리스 왕비가 지하세계의 신한테 자기 대신 그와 같은 희생제물을 바침으로써 수명연

르타고인들은 사투르누스 신에게 아버지와 어머니가 빤히 보는 앞에서 그 자식들을 제물로 바쳤다. 스파르타인들은 자기들의 디아나 여신에게 잘 보이기 위해 어린 소년들을 때론 죽을 때까지 채찍질했다고 한다. 그리스인들 경우엔 이피게네이아의 희생이, 로마인들 경우엔 두 명의 데시우스 형제의 희생*이 비슷한 증거인 셈이다. 마호메트교도들은 예언자 마호메트를 기쁘게 하기 위해 얼굴과 복부, 팔다리 할 것 없이 칼자국을 낸다. 이밖에도 동인도, 서인도 제도와 테미스티탄**에서는 자기들 우상을 아이의 피로 칠하는 짓이 무슨 신앙행위처럼 받아들여진다.

비인간성을 가지고 신 앞에 아양을 떤다는 생각, 우리 자신을 해침으로써 신의 은혜에 보답하고, 잔혹함을 내세워 신의 정의를 만족시킨다는 발상이란 얼마나 어처구니없는가? 정의라는 것이 무고한 인간의 고통스런 출혈을 요구하고 그 피를

장을 꾀했다는 얘기가 나온다.
* 데시우스 형제는 로마의 집정관이었던 데시우스 뮈즈의 두 아들인데, 둘 다 적군(갈리아, 에피로스)과 교전 중 아군의 장수가 산 채로 희생되면 승리가 보장된다는 예언을 믿고 기꺼이 자살했다고 한다.
** 정확한 명칭은 테노치티틀란(Tenochtitlán). 고대 아스테카의 수도 이름이며, 지금의 멕시코시티에 해당한다. 코르테스가 이 도시를 정복하면서 원어를 잘못 기록한 탓에 오랫동안 테미스티탄(Themistitan)으로 잘못 알려졌다.

뿌려대는 것에 굶주려 있을진대, "신을 즐겁게 해줄 생각이라면 과연 어떤 인간이 편할 수 있으랴." » 세네카. 신이 자기가 창조한 피조물과 인간성을 파괴하고 괴롭히는 것을 즐긴다는 이런 생각은 과연 어디로부터 유래한 것인가? 이런 생각을 그대로 따른다면, 정녕 신이란 어떤 본성을 가진 존재여야 하는가?

§. 3.

세상 여러 종교들은 서로 다른 점 또한 여럿 가지고 있다. 각자 고유한 조항들을 갖추고 있고, 그것들을 통해 서로를 구분하는 가운데, 서로 더 잘나고 서로 더 진짜임을 내세우면서, 트집을 잡아 비난하고 결국은 상대를 무조건 단죄하여 거부하는 것이다.

§. 4.

그러나 어차피 하나가 생긴 다음에야 그 다음 것이 뒤이어 생겨나므로, 가장 최근 것은 어쩔 수 없이 그 이전을 토대로 해서 세워지고 어떤 종교든 이전 종교를 완전히 갈아엎거나 단죄하지는 못하는 법이다. 만약 그랬다간 자신도 설득력을 잃을 것이고, 기반을 상실할 테니 말이다. 다만 앞서 태어난 종교 일부를 비난하고 그 불완전함을 트집 잡아 자신이 결함을 대체하고 완성시키기 위해 나타났노라 떠벌리는 게 고작이다. 다들 그렇게 하는 가운데 기존의 종교를 야금야금 무너뜨리고 그 잔해로 스스로를 치장하는 셈이다. 유대교가 이교와 이집트 종교를 가지고 그렇게 했고, 기독교가 유대교를 대상으로 그랬으며, 마호메트교 역시 유대교와 기독교를 싸잡아 그런 식으로 다뤘다. 반대로 기존의 종교들은 새로운 종교가 출현할 때마다 철저히 단죄했으며 가장 경계해야 할 주적(主敵)으로 삼았다.

§. 5.

모든 종교는 상식에 비추어볼 때 기이하고 혐오스럽다. 왜냐면 종교의 구성 요소 중 어떤 것들은 인간적으로 판단하면, 천박하고 가당치 않을 뿐더러 조금이라도 강인한 정신력의 소유자가 보기엔 한낱 조롱거리에 불과하거니와, 그게 아니라면 인간이 도저히 알 수 없도록 너무 드높고 찬란하며 신비스런 경지만을 내세우기 때문이다. 그런데 인간의 정신이란 그저 평범한 것만을 감당할 수 있으며, 그보다 열등한 것은 경멸하고 업신여기면서 그보다 우월한 것에는 기겁하고 얼어버리기 일쑤다. 따라서 일체의 평범함이나 상식과는 무관한 종교에 대해 반발하고 분개하지 않는 건 정말이지 신기한 일이다. 정신이 강한 자라면 당연히 경멸과 조롱을 퍼부을 테고, 정신이 박약하거나 미신적인 자라면 그 앞에서 질겁하거나 눈살을 찌푸

릴 텐데 말이다. 그렇기에 누구든 능력이 미치는 범위 안에서 종교적 문제들을 검토하고 자기 나름의 자연스런 방식으로 요리하고자 할 경우, 자신의 판단에 너무 치중한 나머지 불신앙과 비종교의 행태가 저질러지는 것은 어쩔 수 없는 일이다. 따라서 종교를 받아들일 태세를 갖추기 위해선 무엇보다 단순하고 순종적이며 수더분한 마음을 가져야 한다. 그리하여 하늘이 내린 계율을 믿고 그것을 넘지 말아야 하며 자신의 판단은 내려둔 채 공공의 권위에 모든 걸 있는 그대로 맡겨야만 하는 것이다.

§. 6.

실제로 대중에게는 그런 태도가 일관되게 요구되었다. 만약 그러지 않았다면 종교는 진작에 존경과 찬탄의 대상에서 멀어졌을 것이다. 어디까지나 종교는 아주 어렵게 권위를 갖추고서 경외의 대상으로 받아들여지고 서약되어야만 하는 것이다. 그런 종교가 인간적인 입맛에 딱 들어맞고 낯설 것 하나 없이 자연스럽다면, 쉽게 접근할 수 있을지언정 진지하게 받아들일 것은 못 되었을 터다.

§. 7.

그러므로 신앙이란 통념상 상당히 낯설고 인간의 지력을

저만치 뛰어넘는 만큼, 인간적이고 자연스런 방법으로는 결코 우리 가운데 머물 수도, 파악될 수도 없거니와, 그래서도 안 된다(희귀하면서 뛰어난 영혼들이 지금껏 얼마나 있어, 그런 경지까지 다다랐는지는 차치하고). 반면 천상에서 내린 것처럼, 예사롭지 않은 계시를 통해 전달되어야 하며, 신성한 영감 속에서만 파악되고 얻어져야 한다. 이처럼 초자연적이라 할 현상들에 집착하고 그것들을 믿으면서, 인간도 다른 어떤 피조물도 아닌 신으로부터 유래된 방언을 떠벌린다는 작자들에겐 다 그런 사정이 있는 것이다.

§. 8.

그런데 가리거나 부풀리지 않고 있는 그대로 솔직히 말하자면 실상은 전혀 딴판이다. 누가 뭐라 하든 그것은 사람 손에 의해 사람의 방식대로 주어지는 것이다. 이제껏 종교가 세상에 받아들여지고 지금까지도 매일같이 모든 개인에게 수용되는 방식이 증거다. 민족과 나라와 장소가 있어야 하나의 종교가 있다. 누구나 자기가 나고 자란 곳에 만연하는 종교를 우선적으로 접하게 되어 있다. 우리는 우리 자신이 인간이라는 것을 깨닫기 전부터 유대인으로, 마호메트교도로, 기독교 신자로 할례를 받고 세례를 거치는 것이다. 종교란 우리의 선택사항이 아니다. 우리네 삶과 풍속이 종교와 그다지 부합하지 않

는다든가, 그토록 덧없기만 한 인간사가 종교에서 얘기하는 것
과는 천양지차라는 사실이 그걸 말해준다. 만일 종교가 정말
신의 구속력 속에 뿌리를 박고 지탱되는 것이라면 세상 어떤
일도 우리를 흔들어놓지 못할 것이다. 그런 구속력이라면 그렇
게 쉽게 끊어질 리 없다. 정녕 신성(神性)의 빛이 살짝만 스친다
해도 사방팔방 기적 같은 효력이 완연하게 드러나야 마땅할 것
이다.

우리에게 한 방울의 믿음만 있어도 저 산들을 움직일 수 있
을 거라 했다.[14] 하지만 영혼불멸이라든가 행복하고 영광스러
운, 혹은 불행하고 고통스러운 미래의 보상에 대한 확신이 과
연 현재 여기서 이끌어가는 삶에 얼마나 부합하며, 그 둘의 비
중은 어느 정도겠는가? 실상은 아주 확고하게 믿는다는 것들
에 대한 불안감이야말로 사람의 판단을 흐리는 주범이리라. 심
판에 의해 공공연한 죽음을 당하는 것에 대한 불안과 두려움,
아니면 불쾌하고 수치스런 사고라도 당할까 걱정하는 심정이
야말로 여러 사람들의 분별력을 흩뜨리고 어처구니없는 결단
으로 내몰았다. 그런 상정은 사실 미래를 가르치는 종교가 치
러야 할 당연한 대가일 수도 있다. 그런데 지고한 행복의 불멸
성을 희망하고 진리를 굳게 믿는다면서, 다른 한편으론 그리로
가기 위해 반드시 거쳐야 할 죽음을 두려워한다는 게 어디 있
을 법한 일인가? 그 지독한 천형(天刑)은 두려워하면서 남들처

럼 버젓이 산다? 이건 그야말로 동화요, 불과 물만큼이나 서로
양립할 수 없는 것이다. 저들은 자기들이 뭔가를 믿는다고 말
한다. 아울러 다른 사람들도 자기들이 믿는 걸 믿게끔 만들고
싶어 한다. 하지만 이면을 들여다보면 전혀 그렇지 않다. 그들
은 믿는다는 게 무얼 뜻하는지조차 모른다. 고대인들은 이들
을 두고 되바라진 사기꾼들, 건방진 무리들이라 칭했다.

제14장

기독교도의
분열상

---

§. 1.

기독교라는 종교가 언제나 의심스럽고 악취가 진동하는 듯하고, 그래서 무척 이상하기도 하고 거슬리기도 하는 것은, 예전에도 지금도 여전히 엄청난 분열상 때문이다. 이는 기독교에 대해 완전 이방인이나 불신자(不信者) 혹은 적들이 대열에 합류하기를 거부하기 때문이 아니라, 한 식구끼리도 서로 반목하고, 일부는 아예 악의적인 의도로 기독교 자체를 악용한 결과다. 사도들이 남긴 「사도행전」과 사도 바울의 글 몇몇 대목에서 우리는 소위 사도들의 시대, 즉 원시교회와 더불어 기독교가 막 시작될 즈음부터 이미 구체적인 정책뿐 아니라 교리 자체에서도 수많은 차이와 분열, 분파가 있었음을 확인할 수 있다. 오리게네스의 스승이었던 알렉산드리아의 성 클레멘스는 기독교도들이 구원의 깨달음과 진리를 찬탈해 독점했다며 비난한 유대인과 이교도들에 대해 기술했다. 다들 너나 할 것 없이 상대가 오류이자 이단이라며 욕을 해대더라는 얘기다. 그 결과, 아무리 서로 배치되는 내용일지라도 무조건 각자 자신이 속한 파벌 내에서만 진리를 찾고 또 믿어버리게 되었다.

　　그 이래로 줄곧 기독교도의 분열이 극심해지는 것을 목격한 배교자 율리아누스 황제는 (그의 전담 사관 마르셀리누스의 기록에 의하면) 그런 분열상을 더욱 부추겨 기독교 세력을 약화시키고 황제에게 반기를 들지 못하도록 획책했다. 그 후 기독교 신자면서 나중에는 아리우스파가 된 발렌스 황제는, 자신의 배교행위에 대한 이유로 기독교도들 사이의 엄청난 분란과 분열상을 끌어다댔다. 그리고 나중에 등극한 성 아우구스티누스는 말하기를, 지금 이 시대에 예수 그리스도의 교회는 지극히 높은 권위를 지니게 되어 어떤 적이나 험담꾼들도 완전히 어리둥절해서 입을 다물게 되었다고 했다. 이제는 기독교도에 대해 욕할 수 있는 것이 오직 분열상뿐이며, 그나마 조금 세력이 남은 이교도들마저도 분열이 심하다는 것 빼고는 기독교를 비난할 구실이 없어졌다는 것이다. 정말이지 참으로 기이한 현상이 아닌가. 신도 하나, 진리도 하나라고 주장하는 만큼, 하나의 신앙 안에 뭉쳐 있어야 마땅한 기독교라는 종교가 언제나 어김없는 분열상을 보여주고 숱하게 서로 다른 견해와 상반되는 파벌로 갈가리 찢겨져 날뛴다는 사실이 말이다. 이런 기독교의 세태가 더욱 기이하게 보이는 이유는, 소위 조잡한 거짓 종교라 하는 이교라든가 유대교, 마호메트교에서는 그 정도의 분란이나 분열상이 나타나지 않고 있다는 점이다. 설사 유대교와 마호메트교에서 어느 정도 분열의 현상이 목격된다 해도 그건 아주 경미할 뿐더러 범위도 극히 제한된 정도며, 이교의 경우는 서로 나누어진 자체가 그다지 큰 영향이나 소란을 불러일으키지 않는다. 적어도 거기에는, 유사 이래 기독교에서 일어난 극히 위험스럽고 험악한 분열상에 비할 만한 현상은 전혀 목격되지 않는 것이다.

§. 2.

말이 나왔으니 말이지, 기독교의 분열이 초래한 결과가 얼마나 끔찍한지는 우리 모두 잘 알고 있다. 우선 국가의 정치적 문제로 비화되는 경우다. 종종 인종과 국가, 체제의 급변 내지는 전복, 제국의 분열, 심지어 세계 전체의 변화에 이르기까지 얼마나 폐해가 심했는가. 더군다나 온갖 과격하고 잔혹한 짓거리와 피비린내로 범벅이 되어, 기독교 자체에 엄청난 수치와 비난거리를 안겨가면서 말이다. 종교에 대한 열정과 애정이라는 명목 아래 기독교의 모든 분파는 상대 분파를 지독하게 증오하면서, 마치 어떠한 적대행위라도 가능한 것처럼 마구잡이로 행동하지 않았는가. 이런 현상을 다른 어느 종교에서 구경할 수 있단 말인가. 오로지 기독교도만이 살인과 역모, 배신을 저지르고도 떳떳해했다. 자기가 속한 파벌이 승하고 상대 파벌을 멸하기 위해서는 죽은 자의 유골까지 파내어 훼손한다든지, 갖은 저주를 퍼부어 하늘에서도 땅에서도 발붙이지 못하게 파묻해버린다든지, 아예 불과 칼을 직접 휘둘러 산 자든 죽은 자든 그 기억과 무덤까지 모조리 섬멸해버리는 등, 온갖 비인간적 수단과 방법을 가리지 않고 싸움에 매달려오면서도 당당해하지 않았는가 말이다. 타협이나 화해는 전혀 없이, 오직 광란의 도가니 속에서 배려와 연대감, 우애와 미덕, 의무 등의 개념은 완전 뒷전이었다. 그러다 보니 어제는 하늘을 찌를 듯한 칭송의 대상이어서 지극히 위대하고 현명하며 덕망 높다고 인정되었던 존재가, 오늘은 상대 진영에 의해 갑자기 무지하고 비열하며 사악한 작자로 탈바꿈되는 사태가 다반사로 벌어졌다. 그렇게 하는 행위만이 종교적 열정과 열의가 있는 것으로 평가받았고 나머지 모두는 신심이 부족한 것으로 내몰렸다. 분란의 현장에서 자중과 중용의 태도를 견지한 사람들은 열정이 모자라고 어딘지 미적지근한 치들로 매도되었다. 상대 진영 사람에게 웃는 낯이나 상냥한 태도로 대하는 것은 엄청난 잘못으로 취급받았다. 이 모든 세태로부터 멀쩡하게 한 발 물러난 자가 하나도 없어서, 마치 기독교라는 종교 자체가 인간한테 가르친 것이라곤 사람을 미워하고 박해하는 방법뿐이란 생각이 든다. 우리 내부의 탐욕과 복수심, 증오와 원한, 잔인성과 폭력성 등등을 분출시켜줄 중개자로서의 역할만을 톡톡히 한 게 아닌가 싶을 정도다. 이런 격렬한 감정들은 기독교와 관련한 사실들 속에서 유독 빈번히 관찰되며 다른 종교에서는 그다지 극성스럽지 않았다.

그럼에도 불구하고 이에 대해 혹자는 종교 자체를 비난할 게 아니라 종교인들을 비난해야 한다고 말한다. 그런가 하면 또 정확한 판단과 이지력이 결핍된 허점투성이 논증에 준해서, 그리고 어디까지나 자애의 규칙에 따라, 그렇게 준엄한 관점으로 증오심만 터뜨릴 게 아니라 오히려 동정과 연민으로 바라보아야 할 거라고도 말한다. 그처럼 믿음이 부실하고 오류 속을 헤매는 사람들을 우리는 곱사등이나 절름발이, 귀머거리나 소경, 정신병자쯤으로 대우해줘야 한다는 얘기다. 즉 미워할 대상이기보단 긍휼히 여길 자들이므로 불쌍히 봐주고 도와주자는 것이다. 요컨대 그들의 견해에 동의하지 않는 한, 그런 식으로 대하는 것으로 충분하지 않느냐, 굳이 그들을 피할 필요도 반길 필요도 없지 않겠느냐는 취지다. 어차피 그런 태도 둘 다 어느 한 편에 대한 증오와 적의와 반감의 표출인 바엔 모든 신조와 견해에 대해 활짝 열려 있되 찬성하거나 동의만은 하지 않는 상태가 나을 테니까.

한편 어떤 사람이 보기엔 기독교의 분열현상에 그럴 듯한 이유가 아주 없지는 않은 듯하다. 즉 기독교도들은 자기들 종교를 신의 손에서 직접 건네받은 진리로 생각하고 극진히 부둥켜안은 채 살아가는 자들이라 때로는 과도한 조급증과 질투심을 가진다는 것이다. 그 결과 누구든 기독교를 음해하거나 모욕하기 위해 무슨 일을 꾸미는 자들이 나타나면 극도의 적개심을 품고, 마치 신의 적이자 자기 안녕과 구원의 훼방꾼을 응징하듯 악랄한 공격을 퍼붓게 된다는 얘기다. 이때 결코 미적지근하거나 냉담한 태도를 보일 수도 없고 보여서도 안 되는데, 그렇게 하는 것은 곧 신의 뜻과 신앙을 배반하는 행위가 되기 때문이다.

다른 여타 종교에서 그런 사태가 발생하지 않는 것은, 신봉자들이 자신의 종교를 기독교만한 위상에 두지도 않고 그 정도까지 만들어내지도 않기 때문이다. 무엇보다 그들은 종교란 인간의 손에서 나온, 인간적인 대상이라는 사실을 잘 알고 있다. 다만 국가와 정치에 관여하기보단 인간 영혼과 양심을 주로 다루기에 그만큼 더 심각한 폐해가 초래되기도 하는 것이 현실이다. 종교 자체의 관심사인 양심의 혼란이랄지 풍속과 교육에서의 문란이 그것인데, 서로 입장이 상반되고 분열이 일어나는 데 지쳐 해결방법이 막막한 나머지, 결국에는 모든 걸 포기하고 종교 자체를 외면하는 지경에 이를 수도 있는 것이다. 실제로 배교라든가 무신론, 비종교주의 등등이 원래 이단의 사생아라는 사실을 우린 너무도 잘 알고 있다. 아울러 동방에서의 기독교 분열이 마호메트와 코란의 생성에 문을 활짝 열어주었다는 것 또한 잘 알려진 사실이다.

제15장

대중의
순진함과 미신,
맹신자들에
대하여

§. 1.

맹신자란 신도 인간도 당최 편하게 내버려두지를 않는다. 맹신자는 꽤나 성마르고 만족시키기 어려운, 한번 불붙고 나면 좀처럼 진정이 더딘, 우리의 행위 하나하나를 주시하고 있다가 가혹한 판관처럼 꼬장꼬장하게 따지고 드는, 그런 신을 예상하고 두려워한다. 이는 곧 그가 신을 섬기는 방식에서 그대로 드러난다. 그는 늘 두려움에 떨면서 안심하지도 자신하지도 못한 채, 뭔가 충분히 행동하지 못한 건 아닌지, 그것이 없으면 모든 게 수포로 돌아갈 뭔가를 빠뜨리고 안 한 건 아닌지 걱정에 시달리기 일쑤다. 그는 신이 만족하고 있는지가 항상 의문이며, 신을 진정시키고 자기편으로 만들기 위해 온갖 비위를 다 맞추려고 애쓴다. 쉴 새 없는 기도와 맹세와 봉헌으로 귀찮을 지경으로 신을 들볶는 가운데, 툭하면 기적을 들먹이고, 다른 사람 같으면 부질없는 추측이라 치부할 것을 쉽사리 믿고 받아들인다. 지극히 자연스런 현상마저도 신이 내려보낸 계시로 해석하고, 언제나 뭔가에 전전긍긍하는 사람처럼 누가 뭘 얘기하든 무조건 혹하면서 악착같이 매달린다.

이런 모든 행태란 어떤 명망 높은 인사를 쩔쩔매며 알아 모시는 것 이상으로 기계적이고 비굴하며 치사스럽게 신을 대하는 것이라 할 수 있다. 일반적으로 모든 종교적 미신과 거짓은 신을 충분히 평가하지 않은 데서 비롯되기 마련이다. 그럴 경우 우린 신을 제멋대로 떠올리고, 우리 수준에 맞춰 깎아내리고 판단하는가 하면, 기분에 따라 엉뚱한 모습을 덧씌우기도 하는 셈인데, 그 자체로 지독한 신성모독이 아닐 수 없다.

§. 2.

한데, 그와 같은 병적 태도와 악습은 우리 모두에게 거의 본성이나 다름없으며, 누구나 얼마간은 그러한 성향에 치우치기 마련이다. 그러기에 두 발 단단히 딛고 선 채 절도를 지키지 못하는 우리네 인간의 박약함을 플루타르코스도 한탄하지 않았던가.

§. 3.

그런 박약함이란 신에 대한 서툰 오해나 무지, 영혼의 허기짐으로부터 비롯되는 것이다. 때문에 다른 누구보다 어린 아이와 여인네들, 노인과 병자, 사고를 당한 사람들에게서 보다 현저하게 확인된다. 요컨대, "다소 미개한 정신력의 소유자일수록 그런 박약함에 쉽게 사로잡히는 것이다."[55]

§· 4·

이처럼 미신에 쉽사리 기우는 성향과 인자(因子) 말고도, 따로 기대할 수 있는 엄청난 이득 때문에 미신을 부추기고 옹호하는 또 다른 요인들이 몇 가지 있다. 소위 알 만한 건 다 아는 성인(成人)이나 강인한 사람들도 미신을 방조하든지, 거부 하지 않을 수가 얼마든지 있는 것이다. 그만큼 대중을 요리하고 이 끄는 적절한 도구가 미신이라는 사실을 잘 알기 때문이다. 그들은 이미 자연 속에 떠도는 미신거리를 더욱 조장할 뿐 아니라, 필요할 경우 스키피오나 세르토리우스처럼, 무지한 민중을 신에 대한 공포에 사로잡히게 하고 억압함으로써 새로운 미신의 대상을 조작해내기도 한다. 그 무엇도 미신보다 효율적으로 대중을 지배할 수 없거늘(Nulla res multitudinem efficacius regit, quam Superstitio).

§· 5·

자고로 대중이란(나는 이 말로, 대부분 비천한 처지에 속하는 서민의 무리, 한데 뭉뚱그려진 민중을 지칭하련다), 변변한 판단력도 지력도 가지지 못한 채 부화뇌동 이리저리 방황하는, 머리 여럿 달린 일종의 짐승이다.

포스텔*이 예수 그리스도는 남자들만 구원한 것이고, 여자들은 잔 수녀**가 담당해야 할 몫이라고 말했다 치자. 대중은 아마 곧이곧대로 믿을 것이다. 다비드 모모라는 아무 작자가 자신이 신의 아들이라 선포해도 대중은 그에게 경배할 것이다. 어느 열에 들뜬 미치광이 재단사가 자기는 신이 지상의 모든 권력을 혼내주라고 임명한 임금이라며 그럴듯한 행세를 하고 다니면 대중은 그 말을 따르면서 그를 세상 최고의 군주로 모실 것이다. 돔프티우스***가 뿔이 난 열 살짜리 적그리스도의 도래를 알리면 대중은 기겁하는 태도를 취할 것이다. 온갖 사기꾼들, 야바위꾼들이 죄다 장미십자회(La Rose-Croix) 소속 수사들이라고 나서면, 대중은 미친 듯이 뒤를 따를 것이다. 누구든 파리가 이제 곧 허물어질 것이라 자신 있게 예언한다면 대중은 혼비백산 도망칠 것이다. 온 세상이 물에 잠길 것이라고 떠들어대면 대중은 부랴부랴 방주를 만들어 홍수를 모면하려 들 것이다. 바다가 메마를 것이며, 그러면 제노바에서 예루살렘까지 수레를 타고라도 갈 수 있다고 알리면 다들 허겁지겁

---

* 기욤 포스텔(Guillaume Postel, 1510-1581). 프랑스의 신비주의자, 점성술사.

** 13세기에 널리 퍼진 전설상의 여자 교황을 지칭한 듯하다. 교황 레오 4세가 죽은 뒤 2년 동안 교황 직무를 수행했다고 한다.

*** 17세기 마녀사냥으로 유명한 도미니크 수사이자 릴 수도원장.

여행 준비에 나설 것이다.

    사람들에게 멜뤼진*과 마녀집회, 늑대인간, 장난꾸러기 요정들, 파레드로스**들에 관한 옛날이야기를 들려주면 아마도 이야기 속의 존재들에 금세 빠져들어 찬미하게 될 것이다. 어느 딱한 처녀의 자궁에 통증이 생기면 대중은 그녀가 악마에 사로잡혔다고 얘기하거나, 그런 식으로 몰아붙이는 무지하고 사악한 성직자의 얘기를 철석같이 믿을 것이나. 연금술사라는가 마술사, 점성술사, 최면술사, 강신술사 등등이 나서서 대중을 구슬리기 시작해보라. 모두들 세상에서 둘도 없는 현자들이자, 덕망 높은 존재들로 그들을 떠받들 것이다. 누가 "나는 은자(隱者) 베드로라고 하오"라면서 십자군에 참여할 것을 독려한다면 대중은 그가 탄 노새의 털이라도 뜯어 부적으로 삼을 것이다. 그저 실없이 웃으면서 지팡이든 한 마리 새든 거기에 성령이 강림했노라고 말해도 대중은 진지하게 받아들일 것이다. 페스트나 폭풍우가 어느 한 지방을 휩쓸어버리면 사람들은 난데없는 마법사의 소행이라며 호들갑을 떨 것이다. 요컨대 대중이란 오늘 속아 넘어가면 내일도 마찬가지로 속아 넘어갈 것이다. 그들은 결코 지난 세월 거쳤던 일들로부터 힌트를

---

*   Mélusine. 프랑스 고대 전설 속의 물의 요정.
**   Paredros. 다른 신의 숭배의식이나 역할을 보조하는 정령들.

구해 현재나 미래를 제어할 줄 모른다. 이러한 점이야말로 대중이 얼마나 어리석고 나약한 존재인지를 단적으로 증명해주는 징표다.

§. 6.

대중의 변덕스러움에 관해서는 「사도행전」에서 좋은 실례를 확인할 수 있다. 한번은 리스트라와 데르베 사람들이 사도 바울과 바르나바를 알아보고는 리카오니아 말로 이렇게 외쳤다고 한다. "저 사람들은 사람 모양을 하고 우리에게 내려온 신들이다." 그러고는 바르나바는 유피테르로, 바울은 메르쿠리우스로 불렀다는 것이다.[56] 그런데 잠시 후, 그만 무절제한 정신상태에서 돌로 친 다음, 죽은 줄 알고 성 밖으로 내다 버렸다고 한다.[57] 하기야 로마인들은 아침에는 세야누스*를 소리 높여 칭송하다가, 밤이 되면 그를 갈고리에 걸어 끌어내 볼거리로 삼는 족속이니 어쩌겠는가. »데시무스 유니우스 유베날리스**, 『풍자시집』 10권.

그리고 보면 파리 시민들이 앙크르 후작*에게 취한 태도 역시 그런 거였다. 이런 대중이 화를 낸다면 그건 호라티우스가 노래한 젊은이의 그것과도 같을 것이다. 즉 "쉽게 격분하고, 쉽게 가라앉으며, 매시간 변화하는"[58] 식으로 말이다.

만약 반란과 폭동이 최고조로 부글거릴 시점에 어느 정도 권위를 지닌 인물이 나선다면 대중은 모든 걸 포기하고 쉬이 물러난 것이다. 반면 그저 무모하고 경솔한 부랑배 같은 이기 턱 하니 나서 불에 기름을 붓는 격으로 오기나 불어넣는다면, 대중은 이전보다 더 펄펄 끓는 노기(怒氣)를 품은 채 되돌아올 것이다. 요컨대 세네카가 말한 다음 내용은 대중 전체에 공통적으로 적용시킬 만하다. "항상 의혹에 싸여 있고 언제나 새로운 계획들을 만들어낸다. 아까 요구한 것을 파기하고 방금 파기한 것을 다시금 요구한다. 욕망과 후회가 차례차례 내면을 지휘하고 그렇게 돌아가면서 영혼의 지배권을 차지한다."[59]

---

*　콘치노 콘치니(Concino Concini, 1575-1617). 앙리 4세가 죽은 이후, 루이 13세의 섭정인 마리아 데 메디치의 후원으로 앙크르 후작에 봉해지며 승승장구하다가, 무능과 횡포로 인해 처참히 몰락한 이탈리아인 풍운아.

제16장

군주제의
기원에 대하여

§. 1.

모든 군주제의 시작이 어떠했는가를 살펴보면 항상 눈에 띄는 사실이 있다. 즉 군주제는 예외 없이 일련의 기만술과 속임수로 시작한다는 것이다. 이를테면 종교라든가 어떤 놀라운 기적들을 제일 앞에 내세우고는, 뒤이어 숱하게 야만적이고 잔혹한 짓거리들을 줄줄이 일삼는다는 사실이다. 이를 처음으로 주목한 사람이 바로 『로마건국사』를 집필한 역사가 티투스 리비우스다. 그는 이렇게 말했다. "옛날에는 인간적인 것을 신적인 것과 뒤섞음으로써 도시들을 보다 위엄 있게 일으켜 세우는 일이 가능했다."

이제 우리가 증명해 보여줄 것 또한 그러한 사실이다. 일단 보편적인 사례를 좇아, 이 세상에서 가장 거창했던 네 개의 군주제들이 어떻게 기반을 다졌는지부터 살펴보자.

아시리아인의 제국을 세운 세미라미스 여왕의 명성은 백성을 호도하기에 충분할 만큼 절묘하게 조작되었다. 그녀는 어린 시절 유기된 뒤, 새들에게 모이를 받아먹으며 양육되었다고 한다. 여왕은 이 터무니없는 이야기의 신빙성을 그럴 듯하게 굳히기 위해 자신의 사후에 다음과 같은 소문을 퍼뜨리도록 단단히 명령을 내렸다고 한다. 임종에 맞춰 다시 데려가기 위해 처소로 날아든 수많은 새 떼와 더불어, 여왕은 한 마리 비둘기로 변해 하늘로 훌쩍 날아가 버렸노라고.

그녀는 또한 자신의 성별마저 위장하고 아예 뒤바꿔보려는 조치를 취하기도 했다. 즉 여자에서 남자로 변한 셈인데, 자기 아들인 니누스의 행동거지를 그대로 흉내 내면서 그의 역할을 대신하기도 했다. 이와 같은 조치를 보다 효과적으로 달성하기 위해, 그녀는 여자임이 노출되기 쉬운 부분을 가리고 은폐하는 데 아주 효과적인 의복체계를 대중 속으로 퍼뜨리고자 고심했다. 우선 그녀 자신부터 팔다리를 하나의 천으로 가리고 머리에는 터번을 뒤집어쓰고는, 자기만 특별히 뭔가를 감춘다는 인상을 불식시키기 위해, 모든 백성이 자기와 같은 복장을 하도록 지시를 내린 것이다. 이런 의상은 아직까지도 이 지역 대중 사이에 그대로 유지되고 있는 실정이다. 어쨌든 그렇게 해서 여왕은 변장을 하자마자 남자로 여겨졌다.

페르시아인들의 왕조를 창건한 퀴로스 역시 어머니에게서 뻗어나는 포도나무 덩굴 그늘이 온 세상을 뒤덮는 걸 목격했다는 할아버지의 경험담을 내세워 자신의 권위를 확립하려 했다. 또 무기를 챙겨 들거나 직무수행을 보좌할 노예를 손수 고

를 때마다 자신이 직접 꾼 꿈들로 선택의 당위성을 입증하곤
했다. 그러나 뭐니 뭐니 해도 가장 유효하게 써먹은 것은 어린
시절 하르파구스에 의해 숲속에 버려진 뒤, 어느 암캐의 보살
핌을 받으며 지내던 중, 우연히 지나던 목동에게 발견되어 그
집에 들어가 애지중지 양육되었다는 이야기였다.*

　알렉산드로스와 로물루스의 경우는, 야심이 훨씬 큰 만큼,
보다 강력한 책략을 구사할 필요성이 있었다. 일단 이전 시대
의 군주들과 마찬가지로 출생에 얽힌 이야기를 부풀리는 것에
서 시작했다. 그들은 자신들의 탄생을 당시로선 가장 드높은
차원까지 끌어올렸는데 이를 두고 시도니우스**는 다음과 같
이 읊은 바 있다.

　알렉산드로스 대왕과 로마인은
　뱀과 신의 몸 안에서

＊　　보다 정확한 줄거리는 이렇다. 당시 페르시아인들을 지배하던 메디아
　　왕국의 아스티아게스 왕은 손자가 자신을 쓰러뜨릴 거라는 예언을
　　두려워하여, 충신인 하르파구스로 하여금 그 아이를 처치하도록 시켰
　　고, 하르파구스는 이를 어기고 아이가 자기 하인 집에서 자라도록 조
　　처했다. 바로 그 하인의 아내 이름이 퀴노, 즉 '암이리(혹은 암캐)'라
　　는 뜻이라 이런 착각이 유발된 모양이다. 참고로 퀴로스(Cyrus)는 '퀴
　　노의 자식'이라는 의미다.
＊＊　Gaius Sollius Modestus Apollinaris Sidonius(430?~486?). 제정 로마
　　말기의 정치가, 성직자, 문인.

수태되었다고 여겨진다네.

즉 알렉산드로스는 유피테르가 종종 뱀의 모습을 하고 올림피아스의 처소로 찾아와 결국 자신이 수태되었다는 주장을 펼쳤다. 그가 태어날 때 디아나 여신이 올림피아스의 분만을 어찌나 열심히 도왔는지, 에페소에 위치한 디아나 여신의 신전이 불이 나 전소될 때까지 아무 손도 쓰지 못했다고 한다.

더 무엇이 필요할까? 그는 자신의 신성(神性)에 대한 생각을 백성의 뇌리에 좀더 확실히 각인시키기 위해, 이집트를 정복한 뒤 그곳의 유피테르-아몬 신관들로 하여금, 자기가 신전에 입장하는 순간 유피테르-아몬의 아들인 것처럼 환영인사를 하도록 지시하기도 했다.[60] 아울러 그렇게 설정한 인물을 보다 효과적으로 연기하기 위해, "이제는 아버지를 살해한 원수들에게 모조리 앙갚음을 한 것이냐?"고 물으면, 신관들이 "그대의 아버지는 살해당할 수도, 저절로 죽을 수도 없는 존재"라는 대답을 내밀기로 했다는 것이다. 그런가 하면 휘하 장군 파르메니온에게는 이아손을 기리는 동방의 신전들을 철저히 파괴하라고 명했다. 그렇게 함으로써 동방의 세계를 통틀어 알렉산드로스라는 이름보다 더 우러를 이름이 없도록 하기 위함이었다.

한 번은 붙잡혀온 포로들이 인도에서 사용되는 독화살 치료법을 알려주자, 그는 이미 신께서 꿈속에 나타나 죄다 가르

쳐주었노라고 주장했다. 이처럼 지칠 줄 모르는 탐욕이 끝없이
자기우상화로 치달았지만, 그는 결국 칼리스테네스*의 직언이
랄지, 스파르타인들의 완고한 태도, 그리고 매일같이 계속되는
전투에서 입은 육체적 상처 등을 통해, 아무리 진력해도 이 신
격화 정책이 성공적으로 달성되기엔 역부족임을 깨닫게 된다.
아울러 저 하늘 한쪽 자그마한 자리 하나 차지하는 일에는 지
상의 온 땅덩어리를 지배하는 것보다 훨씬 더 큰 행운이 필요
하다는 점을 인정한다.

여기에다가 아버지 필리포스의 죽음을 어머니 올림피아스
와 함께 순순히 받아들였다든지, 병사들 사이에서 지나친 권
위를 누리는 클레이토스를 제 손으로 직접 죽였다든지 하는
내용을 첨가하다 보면, 훗날 카이사르가 공공연하게 취했던
입장을 그때 이미 알렉산드로스가 제 것으로 삼았던 게 아니
었나 싶다. 즉 "법을 어겨야만 한다면, 그건 오직 통치를 하기
위해서"라는 입장 말이다.

로물루스의 경우는 어머니 레아를 유혹한 군신(軍神) 마르
스의 이야기, 자신을 양육한 암늑대의 전설, 독수리 숫자를 속
인 일화, 동생의 죽음, 로마에 조성한 범법자들의 피난처, 사비

*   Callísthĕnes. 알렉산드로스 대왕의 막료로서, 아리스토텔레스의 조
    카이자 역사가다. 처음에는 알렉산드로스의 우상화에 앞장섰다.

니 여인들의 납치, 마지막으로 지상에서 자기 시체를 찾지 못하고 하늘로 들어 올려졌다고 믿게 만들기 위해 깊은 늪 속에 투신해 죽었다는 이야기 등등이 그의 권위를 다지는 데 활용되었다. 로물루스의 이런 행태들에 더해서, 그의 후임이었던 누마 폼필리우스가 에게리아 님프의 도움을 받은 일과 치세 내내 공들여 조성한 대중적 미신을 따져볼 때, 우리는 저 유명한 로마가 어떤 방식으로 온 지상에 군림했는지, 넘치는 야심을 어떻게 저 올림포스 산정의 높이까지 끌어올렸는지를 어렵지 않게 가늠해볼 수 있다.

§. 2.

이들 네 가지 사례보다 다소 규모나 중요성이 덜한 여타 군주제와 국가를 일일이 점검하자면, 비슷한 이야기들로 두꺼운 책 한 권을 가득 채우고도 남을 것이다. 따라서 이제 우리는, 오늘날 세계 최고의 위세를 자랑하는 제국과 종교를 동시에 다지는 데 마호메트가 어떤 방식을 사용했는지 살펴보는 것으로 논의를 마무리하고자 한다. 자고로 모든 위대한 정신의 소유자들이 자신에게 닥친 특별한 불운을 솜씨 좋게 역이용하는 것처럼, 마호메트 역시 그랬다. 예컨대, 툭하면 발작을 일으키는 자신의 증상을 잘 알고 있던 그는, 극도의 간질발작을 일으킬 때마다 신이 내리는 징표요, 황홀경에 다름 아니라는 믿음을 친구들에게 불어넣었다. 그는 또 자기 귓속에 미리 넣어둔 보리 낟알을 먹으러 하얀 비둘기 한 마리가 날아드는 것을, 마치 신의 메시지를 전하러 가브리엘 천사가 내려온 것처럼 친구들에게 선전했다. 그는 기독교 수도승 바히라*의 도움을 받아 코란을 작성했는데 역시 신의 입을 통해 직접 구술되는 이야기를 받아 적는 척했다. 급기야는 어느 유명한 점성술사를 끌어다가, 앞으로 닥칠 급변과 위대한 선지자가 새로이 세울 계율에 관한 예언으로 대중의 마음에 일종의 정지 작업을 하도록 시키기도 했다. 그렇게 함으로써 자신이 나서서 계율을 선포할 때 보다 쉽게 받아들여지게 하려는 의도였다. 그러나 비서인 압달라 벤살론에게 이와 같은 사기행각이 조금씩 들통나 폭로 위기에 처하자, 마호메트는 어느 날 저녁 그의 집으로 쳐들어가 그의 목을 따 살해하고는, 집 네 귀퉁이에다 불을 놓았다. 코란의 일부 구절을 맘대로 바꾸고 욕되게 만들려던 비서를 하늘이 불을 내려 벌한 것이라며 사람들을 호도하기 위해서였다.

마호메트가 활용한 모든 술책들이 다 멋들어지게 성공한 건 아니지만, 그를 둘러싼 신비를 멋지게 마무리한 술책의 예를 하나 들지 않을 수 없겠다. 그는 자기 하인들 중 가장 충성

---

*　Bahīrāh. 세르기우스(Sergius)라고도 불린다.

심이 깊은 한 명을 골라, 대로변 우물 속에 들어가 있으라고 시
켰다. 자신이 여느 때와 같이 수많은 추종자들과 함께 그 대로
를 지날 때, 큰소리로 "마호메트는 신이 총애하는 자로다! 마
호메트는 신이 총애하는 자로다!"라며 고래고래 외치라는 것
이었다. 마침내 지시했던 대로 사태가 진행되자, 마호메트는 분
명한 징표를 내려주신 신의 뜻에 부랴부랴 감사의 기도를 올
린 뒤, 따르는 모든 사람들에게 당장 우물을 돌로 메워 그 위
에 작은 사원이라도 건설해서 기적의 순간을 영원히 남기자고
호소했다. 결국 이 교묘한 술책으로 가엾은 하인은 돌무더기
속에 생매장되었고, 기적의 허위를 까발릴 기회까지도 영영 날
아가버린 셈이 되었다.

　　그러나 땅덩어리와 더불어 부지런한 펜대 속으로
　　그 모든 원성이 스며들었다네.[61]

제17장

입법자들과
정치가들은
종교를
어떻게 활용했는가

§. I.

대중에게 부과하는 법을 보다 단단한 토대와 권위 위에 세우고자 하는 고대의 입법자들에게는, 그것을 공포함과 동시에 신으로부터 받은 것임을 가능한 한 그럴듯하게 설득하는 것 외에 좋은 방법이 없다. 즉 차라투스트라가 아후라마즈다로부터, 트리스메기스토스가 메르쿠리우스로부터, 자몰크시스가 베스타로부터, 카론다스가 사투르누스로부터, 미노스가 유피테르로부터, 리쿠르고스가 아폴론으로부터, 드라콘과 솔론이 미네르바로부터, 누마가 에게리아 님프로부터, 그리고 마호메트가 가브리엘 천사로부터 법을 받았듯이 말이다.* 그중에서도 모세야말로 가장 현명한 축에 속하는데, 그는 신으로부터 어떻게 자신의 율법을 직접 받았는지를 「출애굽기」에 상세히 묘사하고 있다.

---

* 이상 열거한 입법자와 신들이 속한 민족, 혹은 나라(지방)는 순서대로 다음과 같다. 페르시아, 이집트, 스키타이, 카타니아, 크레타, 스파르타, 아테네, 로마, 아라비아.

　유대민족의 치세가 완전히 파괴되고 절멸된 상황임에도 불구하고 캄파넬라*가 말한 대로, 모세의 종교만큼은 여전히 살아남아 있다. 유대인들과 마호메트교도들한테는 미신과 더불어, 기독교도들에게는 상당한 개혁을 거친 상태로 여전히 잔존해 있는 것이다. 카르다노**가 태생이 별 볼일 없거나 재력 혹은 무력이 부실해서 제 나라를 권위 있게 다스리지 못하고 있는 군주들을 상대로, 그 옛날 다윗이나 누마, 베스파시아누스를 본받아*** 종교에 기대라고 충고했던 것도 다 그와 같은 사정에 기인했을 것이다.

§. 2.

　어차피 인간을 의무에 붙잡아두는 방법이란 단 두 가지뿐, 범죄행위를 억제하기 위해 고대의 입법자들이 제정한 준엄한 형벌이 하나요, 신들의 분노에 대한 심리적인 공포심이 나머지 하나다. 이 중 전자는 문제를 일으키는 요인을 판관들이 일일이 가려낼 수 있지만, 후자의 경우는 그로써 통제해야 할 대상

---

*　　Tommaso Campanella(1568~1639). 르네상스 시대의 이탈리아 철학자.
**　　Girolamo Cardano(1501~1576). 르네상스 시대의 이탈리아 수학자, 의사, 자연철학자로 미치광이 천재라 불릴 만큼 기인의 삶을 살았다.
***　이상 세 명의 군주는 왕족이나 귀족 혈통이 아니었으며, 모두 그러한 결함을 만회코자 극단적으로 종교적 후광을 이용했다.

이 백일하에 드러나지 않는다는 특징이 있다. 이런 사정을 두고 팔린게니우스는 다음과 같이 노래한 바 있다. "반쯤 야수나 다름없는 민중에게 굴레를 씌우기 위해서는 형벌의 두려움과 종교의 힘을 빌려야 하리니. 민중이란 원래 간사하고 믿을 수 없는 정신을 가졌으며 스스로는 결코 올바른 태도를 취하지 못함이로다." ³⁹ Marcellus Palingenius. 16세기 시인. 『삶의 황도대(Der Zodiacus des Lebens)』, 「천칭Libra」에서 인용

고대의 입법자들 역시 종교처럼 대중의 정신을 위력적으로 지배하는 것이 없다는 사실쯤 잘 알고 있었다. 이것이야말로 약간의 탄력만 받게 되면 민중의 태도를 단번에 극단적인 지경으로 치닫게 만들 수 있는 요인이었다. 즉 조심스럽던 태도가 갑자기 열정으로 변하고, 그저 약간 성난 상태가 졸지에 확고한 분노로 표출되기도 하면서, 모든 논리적인 행동이 뒤죽박죽 휩쓸리는 가운데, 자신이 섬기는 신을 옹호하기 위해서라면 재산도 목숨도 초개처럼 버릴 수 있는 상태가 되는 것이다. 심지어 그 신이라는 것이 고양이, 황소, 원숭이 등등의 이빨 몇 조각처럼 아주 하찮은 우상에 불과하더라도 말이다. 자고로 "미신처럼 민중을 효과적으로 움직이게 만드는 것은 아무것도 없나니."⁶²

§· 3·

입법자와 정치가들이 종교를 활용하는 방법에는 다섯 가지 중요한 양상이 있는데, 다른 사소한 경우들은 모두 그 안에서 이해가 가능하다.

첫째, 가장 평범하고 보편적인 양상으로, 관철하고자 하는 목표에 보다 쉽게 도달하기 위해 자기들이 신들과 소통했음을 대중에게 납득시키는 것이다. 앞에서 예로 든 고대인들을 제쳐두고라도, 자기는 카피톨리움 신전의 유피테르로부터 조언을 듣지 않고서는 아무 일도 시도하지 않는다고 공언한 스키피오가 그러했고, 항상 델포이의 아폴론을 묘사한 부적을 차고 다니면서 자기가 행하는 모든 행동이 곧 신의 허락을 받은 거라고 떠벌린 술라 역시 같은 경우였다. 그런가 하면 세르토리우스는 자신의 암사슴이 신들의 회의에서 새로 결정된 사항들을 자기한테 전달해준다고 했다.

이보다 좀더 최근 시점으로 눈을 돌려보면, 얼마간 파비아를 다스린 부술라리우스라든가 볼로냐를 통치한 비첸차, 피렌체를 주무른 지롤라모 사보나롤라가 유사한 방법들을 동원했음이 확인된다. 특히 마지막 경우에 대해선 마키아벨리의 다음과 같은 언급이 있기도 하다. "피렌체의 민중이 그리 어리석은 편이 아님에도 불구하고, 지롤라모 사보나롤라 수사는 자기가 마치 신과 이야기하는 것처럼 그럴듯하게 믿게 만들었다."[63] 지금으로부터 불과 60년도 채 안 된 이전에는 기욤 포스텔이 프랑스에서 같은 행각을 일삼았으며, 얼마 지나지 않아서는 캄파넬라가 칼라브리아에서 역시 비슷한 일을 도모했다. 하지만 이들 모두는 실질적인 권력 면에서 극히 취약했기에 목적을 달성하지는 못했다. 마키아벨리가 말한 대로, 누구든 새로운 종교를 세우고자 할 땐 반드시 그 조건부터 선행되어야 하는 것이다.

§. 4.

정치가들이 대중을 장악하기 위해 종교를 활용하는 두 번째 양상은, 기적을 행하는 척하고 꿈을 해석하며 비전(Vision)을 만들고 괴물이나 기상천외한 현상들을 직접 연출해내는 것이다. 이를테면 생활방식 자체를 변화시키고, 엄청난 공포심을 통해 인간의 운세마저 흩뜨릴 만한 초자연적인 현상들이 관건이다.

다들 알다시피 독화살의 특효약에 대해서 보고 받은 알렉산드로스 대왕이, 이미 신께서 꿈에 나타나 그 비법을 전수해주었노라고 선언한 것이 그런 맥락이었다. 베스파시아누스는 일부러 눈멀고 절뚝거리는 척하는 사람들을 내세워 자기가 슬쩍 만지기만 해도 말끔히 낫는 것처럼 보이게 한 바 있다. 클

로비스 왕이 그토록 많은 기적 사례를 나열하면서 자신의 개종을 합리화한 것도 같은 이유에서였으며, 샤를 7세가 '숫처녀 잔'*과 관련한 믿음을 증폭시켜 전투에서 이기고자 한 것 또한 마찬가지 맥락이다.

§. 5.

세 번째 양상은, 경우에 따라 대중을 놀라게 만들어서 동요시키거나, 반대로 각오를 다져 용기를 북돋기 위해 일련의 헛소문이나 계시, 예언들을 유포시키는 것이다. 이에 관련해서는 포스텔이 주목한 바, 마호메트가 벌인 행각들이 있다. 예컨대 유명한 점성술사 한 명을 대동하고 다니면서 "앞으로 대단한 격변이 일어날 것이며, 그 후로는 번영만이 펼쳐질 것"이라고 떠벌리도록 지시했다는 것이다. 그렇게 해서 결국 마호메트가 대중 사이로 비집고 들어갈 틈이 열렸고, 그가 주창하는 새로운 종교를 기꺼이 받아들일 분위기가 조성되었다. 아울러 그 종교에 동의하지 않으려는 자들에게는, 하늘이 총애하는 자에게 대항하면 운명의 질서를 거스를 수 있다는 두려움을 심어주는 것이다.

따지고 보면 에르난 코르테스가 멕시코 왕국을 접수한 것

---

*   잔 다르크를 뜻함.

역시 이처럼 정신 나간 믿음이 조성되었기 때문이다. 즉 그가 나타나기 전부터 멕시코의 모든 점쟁이들이 이제 곧 재림할 토필친*에 대해 예언을 해왔기 때문에 마침 코르테스가 토필친으로 받아들여지게 된 것이다. 프란치스코 피사로가 페루에서 겪은 일 또한 그런 것이었다. 그가 페루에 발을 들여놓자 그곳 백성들이 환영했는데, 피사로를 비라코차**가 자기들의 임금을 구해주려고 내려 보낸 존재로 오인했기에 가능한 일이었다. 이보다 한참 전 샤를마뉴 역시 점쟁이들이 예언한 것처럼, 어느 낡은 우상(偶像) 하나가 손에 쥐고 있던 묵직한 열쇠를 떨어뜨리는 바람에 에스파냐를 순조롭게 침략할 수 있었다는 얘기도 있다. 아랍인들 혹은 사라센이라 부르는 족속이 훌리오 백작의 인도 아래*** 에스파냐 왕국을 침범해 들어올 수 있었던 일에도 비슷한 사정이 있었다. 그 얼마 전 수도 톨레도 근방의 고성(古城)에서 그림 하나가 발견되었는데, 어느 위대한 예언자

---

*   Topiltzin. 10세기경에 군림한 왕의 이름인데, 아즈텍 문명의 주신(主神)인 케찰코아틀(Quetzalcoatl)과 동일시된다.

**   Viracocha. 잉카문명의 신화에 나오는 창조신. 흰 얼굴을 한 존재로 묘사된다.

***   710년경, 에스파냐를 통치하던 서고트족의 임금 로드리고는 훌리오 백작을 모리타니의 집정관으로 파견한다. 한데 거기엔 백작의 딸을 취하기 위한 왕의 흑심이 숨어 있었다. 뒤늦게 이 사실을 깨달은 백작은 앙심을 품고서 사라센의 침공을 돕게 된다.

가 묻어두었다는 그 화폭 속에 사라센의 생김새와 유사한 얼굴들이 잔뜩 그려져 있더라는 것이다. 때문에 당시 물밀듯 밀려오는 사라센의 침입을 보고도 주민들은 감히 저항할 생각을 못했다고 한다. 아울러 많은 역사학자들이 인정하는 바대로, 마호메트 2세 역시 이처럼 근사한 예언들 덕을 보지 않았다면 콘스탄티노플이라는 도시를 쉽게 차지하지 못했으리라는 게 나의 생각이다.

요컨대 정치가들이 대중의 아둔함을 꼬드기고 속여먹기 위해서 기존의 소문이나 예언들을 마음껏 활용해, 형세에 따라 두려움이나 희망을 불어넣어 앞으로 일어날 일을 무리 없이 받아들이거나 거부하게 만들 가능성은 얼마든지 열려 있는 셈이다.

§. 6.

하지만 말 잘하는 달변가나 설교자를 잔뜩 거느리고 부려대는 네 번째 양상이야말로 다른 어떤 것보다 안전하고 널리 사용되는 방법일 것이다. 이러한 책략으로 쉽사리 달성하지 못할 목표란 없을 정도다. 웅변이라든가 교묘하게 꾸며진 발언이 갖는 위력은 듣는 이의 귀를 워낙 잘 구슬리기 때문에, 혹하지 않으려면 여간 예리하거나 아예 귀머거리가 되는 수밖에 없다. 실제로 헤라클레스의 열두 가지 노역 이야기도, 시인들이 기술해온 모든 글들의 서로 다른 웅변효과 속에서, 저 위대한 존재가 역경을 어떻게 헤쳐나갔는지 구체적인 모습들을 통해 비로소 진정한 신화로 우뚝 서게 된 셈이다. 옛날 골족이 헤라클레스를 묘사하면서, 숱한 금사슬이 입을 통해 빠져나오고 그만큼 무수한 군상(群像)을 줄줄이 엮은 채 다시 귓속으로 빨려들어가는 모습을 설정한 것도 다 그런 맥락에서였다.

우리 프랑스만을 놓고 얘기해본다면, 고드프루아 드 부용이 타오르는 열정으로 뛰어든 저 유명한 십자군 원정이 실은 '은자(隱者) 피에르'라 불리는 일개 수도승의 장황한 연설로 촉발된 것임을 이제 누가 모른다 하겠는가.* 아울러 2차 원정 때에도 생 베르나르의 열정적인 설교가 촉발제로 작용하지 않았던가.

예를 더 들어보자. 1407년 부르고뉴공(公)에 의해 자행된 오를레앙공(公) 루이의 살해사건처럼 끔찍하고 사악한 범죄 행위가 또 있었을까. 한데 난데없이 장 프티라는 신학자이자 대단한 설교자가 나타나** 파리 노트르담 사원 광장에다 대중을

---

*   제1차 십자군 원정 때의 일이다. '은자 피에르'라 불리던 부패한 수도승의 달변은 소위 민중십자군 2만여 명을 끌어모으는 위력을 발휘했다. 민중십자군은 당시 교황의 군대가 주도하는 정규군보다 먼저 원정에 돌입했다.

**   실은 오를레앙공의 살해범인 부르고뉴공의 아들 장 상 퍼르(Jean san Peur)가 사주한 자다.

모아놓고 살인을 정당화하는 멋들어진 연설을 늘어놓는 바람에, 오히려 오를레앙가(家)의 진영에 가담하려던 사람들이 졸지에 반란을 일삼는 폭도로 매도되지 않았는가 말이다. 어쨌든 일이 이렇게 된 이상 상대편 또한 마찬가지의 술책을 동원할 수밖에 없었으며, 이를 계기로 당시 저명인사인 장 제르송*의 보호에 매달리게 되었던 것이다. 장 제르송은 이들을 적극 끌어안음과 동시에, 콘스탄츠 공의회에서 장 프티의 주장을 오류투성이 이단으로 선고하기에 이르렀다. 장 프티라는 달변가가 샤를 6세 시절 혼란과 폐해의 원인으로 작용했다면, 샤를 7세 치하 성 프란치스코회 소속이었던 리샤르 수사는 세 치 혀를 통해 대단한 선행을 주도한 인물로 기억될 만하다. 그는 파리에서 각각 여섯 시간씩 열 차례나 행한 설교를 통해 장기판, 카드, 당구대와 당구공, 주사위 등 인간으로 하여금 온갖 거짓과 신성모독을 저지르게 만드는 노름도구를 모조리 수거해 광장에서 불태우도록 호소했다. 비록 그가 파리를 벗어나자마자 사람들은 곧장 노골적인 조롱과 비웃음을 보냈고, 아니나 다를까 이전보다 더 집요하게 일상의 노름으로 되돌아갔다지만 말이다.

---

*   Jean Gerson(1363-1429). 프랑스 철학자, 신학자, 파리대학 총장. 분열이 극심했던 교황들의 세력 다툼을 콘스탄츠공의회(1414-1418)를 통해 종식시킨 것으로 유명하다.

제17장

§. 7.

다섯 번째 양상으로 가장 광범위하면서도 가장 섬세하게 활용되는 방법을 들자면, 어떻게든 합리화 내지는 정당화될 수 없는 사태를 두고 종교를 빌미로 밀어붙이는 행태다. 실제로 유대인들이 제멋대로 인용하는 "사람은 신의 이름으로 모든 악행을 저지른다(in nomine Domini committitur omne malum)"라는 속담이야말로, 교황 레오가 황제 테오도시우스를 상대로* 내뱉었다는 다음의 비난 발언 못지않게 진실이다. "지금은 제각각 자기 탐욕에 맞추어 종교를 끌어다 사적인 일들을 마구잡이로 처리하고 있다."

이러한 예는 너무 흔해서 웬만한 책에서도 부지기수로 구경할 수 있다. 지금까지 프랑스에 관련된 사례는 충분히 들었으니, 이제는 에스파냐의 경우를 집중적으로 다루는데, 특히 타의 추종을 불허할 만큼 성실한 역사가인 마리아나**의 지

---

* 레오 1세와 테오도시우스 2세를 말한다.

** 후안 데 마리아나(Juan de Mariana, 1536-1624). 에스파냐 예수회 소속인 철학자이자 역사학자. 로마와 파리, 톨레도에서 신학을 가르치기도 했다. 저서로는 『에스파냐 역사(Historiae de rebus Hispaniae)』와 『군주와 군주제에 관하여(De rege et regis institutione)』가 있다. 특히 후자를 통해, 민중은 독재자를 살해함으로써 압제에서 벗어날 수 있다는 논리를 주장함으로써, 훗날 앙리 4세의 살해에 영감을 제

적을 꼼꼼히 따라가 보는 것으로 만족할까 한다. 그는 에스파
냐를 점령한 초기 서고트족과 끊임없는 내란에 대해 논하면
서, 통치의 도구로 늘 종교를 끌어왔다는 얘기를 하고 있다. 특
히 시세난도 왕이 아리우스파 소속 부르고뉴 세력의 보좌를
받아 스윈틸라 왕을 몰아내는 대목에서는, "그는 종교라는 구
실이 매우 편리할 거라 판단했다(optimum fore judicavit religionis
pretextum)"라는 논평을 남발하고 있다.[64] 그런가 하면 킨틸라
왕*에 관한 대목에서는, "보란 듯이 종교를 과시하면서(cum
species religionis obtenderetur)"라는 표현을 빈번히 사용하고 있
다. 마찬가지로 에르비게 왕이 어떻게 왐바 왕**을 몰아냈는가
를 묘사하면서, "종교를 한껏 둘러대는 것이야말로 대단히 좋
은 방법이었다(Optimum visum est religionis speciem obtendere)"[65]
라는 표현을 사용한다. 한편 아라곤 가문의 형제끼리, "준엄하
기 그지없는 교황이 내린 격렬한 명을 받들어(violento imperiosi
Pontificis mandato)" 서로가 서로에게 무기를 드는 대목에선, 그

공했다는 구설수와 함께, 장 자크 루소에게 영향을 미쳤다는 평가를
받고 있다.
* 스윈틸라(Swinthila, 재위기간 621-631)나 시세난도(Sisenando, 재위
기간 631-636), 킨틸라(Chintila, 재위기간 636-639) 모두 에스파냐
를 통치한 서고트족 임금들이다.
** 에르비게(Ervige, 재위기간 680-687), 왐바(Wamba, 재위기간 672-
680) 역시 서고트족 임금들.

런 식으로 자연의 법을 훼손하는 것보다 더 비인간적인 일은 없었노라며 적절한 지적을 빠뜨리지 않는다. [»] <u>교황은 보니파시오 8세다.</u> 페르난도가 모두를 통치하고자 하는 엄청난 야망을 품고서 자신의 질녀로부터 나바라 왕국을 빼앗는 대목에서는, "교황의 칙령과 종교적 구실을 닥치는 대로 주워섬겼다(sed species religionis praetexta facto, est et Pontificis jussa)"[66]라는 설명을 덧붙이고 있다. 굳이 이렇게 비슷한 사례들을 일일이 나열하기보다는 에스파냐 역사를 통틀어 종교의 정치적 용도에 관한 논평들로 넘쳐나는 마리아나의 저서를 언급해두는 것이 나을 것 같다.

독일에서의 전쟁을 논하자면[*] 황제가 역시 종교의 색채를 잔뜩 두르고 가톨릭동맹으로 단단히 무장한 채, 상대진영을 압살하며 강건한 절대군주제로의 길을 모색했음을 지적할 수 있다.

마지막으로, 지금은 고인이 된 제임스 왕^{**}이 잉글랜드 왕위를 물려받을 때 에스파냐의 임금이 부랴부랴 그와 밀접한 동맹을 맺으려 했다. 그 때문에 카스티야의 원수(元帥)가 급파

---

*   1618년 독일 내 신구 교도 간의 싸움이 국제전으로 비화한 30년 전쟁을 일컫는 듯하다.

**   스코틀랜드 왕 제임스 6세이며, 잉글랜드의 엘리자베스 1세로부터 왕위를 물려받은 뒤로는 제임스 1세가 됨.

되고 결국 두 나라 간의 유대가 무리 없이 성사되었는데, 당시
이를 두고 지극히 "성스러운 업적"이었으며 잉글랜드 왕이야말
로 "진정으로 신성한 기독교 군주"라는 칭송이 자자했다. 아
울러 에스파냐 왕이 그 일을 추진한 것은, 오로지 "신의 충고
와 신의 의지, 신의 도움을 받아들여 신의 거대한 은총 속에
서(divina admonitione, divina voluntate, divina ope, non nisi magno Dei
beneficio)"였기에 가능한 것이라고 했다.

본질적으로 군주들 대부분이 종교를 하나의 야바위꾼처
럼 다루고, 자신이 벌이는 연극의 신뢰도와 명성을 높이기 위
해 악용한다고 해서 정치 자체를 비난할 필요는 없을 것이다.
물론 이와 반대되는 얘길 하는 것이 훨씬 점잖아 보이겠지만,
어차피 중요한 일을 성취하기 위해선 누구든 마찬가지 수작에
기댈 바에는 말이다.

자, 이만하면 우리의 주장이 너무 지나친 것 아니냐고 비난
할 사람들에게 충분한 해명이 이루어진 듯하다. 그럼 이제부
터 다시 원래의 논의로 돌아가, 여태까지 얘기를 중단하고 잠
시 옆길로 샌 것이 그나마 헛되지 않도록 해야겠다. 요컨대 지
금까지 샤롱에서부터 노데에 이르기까지 발췌, 제시한 대목들
각각은 그 자체로 탁월한 견해를 표방함은 물론, 이 책에서 내
세우는 바, 미신이라는 질병을 격퇴하겠다는 목표에 여간 딱
들어맞는 게 아니다.

이 고질적 질병으로부터 치유되기 위해서 독자 여러분은 자유로운 정신상태를 가지고 앞으로 이어질 논의를 읽어나가길 바란다. 정녕 주의력을 다해 읽어나갈 때, 여러분은 이것이야말로 순전한 진실이로구나, 하는 느낌에 틀림없이 도달하고야 말 것이다.

제18장

인지 가능한
확고한
진실들

§. 1.

모세와 누마 폼필리우스, 예수 그리스도 그리고 마호메트 모두 다 우리가 보아온 모습 그대로라면, 이제 그들의 법이나 글 속에 결코 진정한 신의 개념이 존재하지 않는다는 사실이 명백해진 셈이다. 첫째와 둘째와 마지막 경우에서 신의 현현이나 가르침, 그리고 세 번째 경우에서 주장되는 부자관계 따위란 누구든 진실을 사랑한다면 반드시 피해야 할 사기행각에 불과하다.

§. 2.

신은 극히 단순한 존재이거나 무한정한 외연(外延) 자체로서 자신 안에 포함되는 모든 것과 닮아 있다. 말하자면 그냥 물질 자체가 되겠는데, 결코 정의롭지도 자비롭지도 않거니와 그렇다고 질투심이 있는 것도 아니다. 신은 우리가 상상하는 것과는 아무 상관이 없으며 결론적으로 벌을 내리는 존재도, 보상을 해주는 존재도 아니다.

징벌이나 보상 같은 개념은 우리를 무지의 나락으로 떨어지게 할 뿐이며, 신이라고 하는 극히 단순한 존재를 그와는 전혀 무관하게 만들어진 별의별 이미지를 통해서 머릿속에 그려 넣어줄 따름이다. 반면에 지적 사고과정과 상상력의 농간을 혼동하지 않을 만큼 이지력을 잘 사용할 줄 아는 자들, 그릇된 교육에 의한 선입관을 과감하게 떨쳐낼 수 있는 사람들은 신에 대하여 건전하고 명쾌한 개념을 얼마든지 터득할 수 있다. 이들은 신을, 그것이 무차별하게 만들어내는 모든 존재들의 근원으로 보고 있으며, 이때 모든 존재는 신이 보기에 어느 하나도 다른 하나보다 결코 낫거나 못한 것이 아니다. 인간이라 해도, 신이 만들어내는 데 있어 구더기 한 마리나 한 송이 꽃보다 더 각별한 무엇이 있는 게 아니라는 얘기다.

§. 3.

보통 신이라고 부르는 이 단순하면서도 무한정한 존재가 개미보다 인간을, 돌멩이보다 사자를, 그 밖에 어떤 존재이건 한낱 지푸라기보다 그것을 더 중시하리라고 믿어선 안 되는 이유가 바로 거기에 있다. 신이 보기에 아름답되 추하지 않으며, 선하되 악하지 않으며, 완전하되 불완전하지 않은 것이 어딘가에 있다는 생각. 신은 항상 칭송받길 원하고, 기도와 사랑, 흠모의 대상이길 바라며, 인간의 말과 행위에 반응해 사랑과 증오를 느끼는가 하면, 요컨대 다른 어떤 피조물보다 인간을 더 많이 염두에 두신다는 발상. 이런 모든 변별적인 사고는 오로지 협소한 정신력이 만들어낸 순전한 상상일 뿐 그밖에 아무것도 아니다. 무지가 그런 것들을 만들어냈고, 이기심이 그것을 부추길 따름이다.

§. 4.

따라서 자신의 이성을 제대로 사용할 줄 아는 사람이라면, 천국이든 지옥이든 영혼이든 신이든 악마든 결코 보통 사람들이 떠드는 식으로는 믿지 않을 것이다. 이처럼 거창한 단어들은 하나같이 대중의 눈을 멀게 하고 겁을 주기 위해 억지로 만들어진 것들이다. 만약 당신이 이러한 단어들과 결부된 허무맹랑한 개념들이 어떻게 생겨난 것인지 그 오류의 근원으로 우리와 함께 탐색해 들어가 본다면, 그래서 모든 허구의 자리에 진실을 대입해볼 용기가 있다면, 위와 같은 주장에 쉽사리 동의하게 될 것이다.

§. 5.

우리 머리 위에 보이는 무수한 별들은, 그것들이 돌아다닐 수 있게 하는 어떤 단단한 동체(胴體)가 따로 있으리라는 생각을 우리에게 불어넣었다. 아울러 모든 천상의 운행에는 하나의 지향점이 있고, 거기엔 흡사 신하들에 둘러싸인 임금처럼 신이 존재한다는 생각까지 우리 안에 생겨난 것이다. 사람들은 그곳에 행복을 누릴 거처를 설정해놓고, 선한 영혼이 육체와 이승을 떠난 다음엔 곧장 그리로 올라간다는 상상을 하기 시작했다. 뭐, 상식을 가진 자라면 코웃음밖에 나오지 않을 이런 하찮은 생각일랑 이대로 제쳐두고, 일단 분명한 건 우리가 하늘이라 부르는 것이 지금 호흡하는 이 공기의 좀더 순화된 연장(延長)에 지나지 않는다는 사실이다. 그 속에서 별들은 어떤 단단한 몸체에 매달리거나 하지 않고, 실제로 공중에 붕 뜬 채 불안하게 움직거리는 이 땅덩어리와 똑같은 방식으로 움직이고 있을 뿐이다.

§. 6.

이른바 신과 축복받은 자들의 거처(이교도에게는 신과 여신들의 궁전)로 하늘을 상상하는 것과 마찬가지로, 사람들은 사악한 자들의 영혼이 죽은 다음 고통을 받기 위해 내려가는 지하세계 혹은 지옥도 생각해냈다. 하지만 이 '지옥'이라는 단어는 본래의 고유한 의미로 볼 때 그저 '낮은 장소'를 의미할 따름이다. 극히 높은 곳에 존재한다고 믿은 천상 거주자들의 거처에 대립되는 곳으로 시인들이 만들어낸 장소인 것이다. 라틴어에서 '인페루스(Inferus)' 혹은 '인페리(Inferi)'라고 하는 단어의 뜻이 그렇다는 얘기인데, 무덤이랄지 나지막한 지점이라면 으레 그러하듯 다소 어두컴컴한 장소를 일컫는다.

제19장

영혼에
대하여

---

§. I.

영혼이란 천국이나 지옥보다 쥐납하기가 훨씬 더 섬세한 무엇이다. 그렇기 때문에, 독자의 궁금증을 해소시키기 위해선 이 문제를 보다 길게 붙잡고 이야기하는 게 적절할 것이다. 우선 그것이 무엇인지 밝히기에 앞서 우리는 고대 철학자들이 영혼에 관해 어떤 생각을 했는지 살펴보고, 그 다음 이를 보다 손쉽게 파악하기 위해 몇 마디 설명으로 간추리도록 하겠다.

혹자는 영혼이란 정신 혹은 비물질적인 어떤 실체라고 표현했는가 하면, 다른 사람들은 신성의 한 부분이라고 말했다. 누구는 이것이 지극히 섬세한 공기라고 했고, 누구는 더운 바람이라고도 했다. 불이라고 한 사람이 있는가 하면, 물과 불의 혼합물이라는 사람도 있었다. 저들이 원자들의 우연한 결합체라고 하면, 이들은 사람이 죽으면 곧장 증발하거나 사라지고 말 미세한 요소들의 혼합물이라고 했다. 신체의 모든 부분 속에 깃들어 있는 것이라는 주장이 있는가 하면, 그보다는 혈액의 극히 섬세한 구성물질 속에 내재되어 있어, 뇌 속에서 고유한 실체가 추출된 뒤 각 신경계를 통해 뻗어 나간다는 설도 있었다. 이 같은 설에 의하면, 영혼이 생성되는 장소가 곧 심장이며 뇌는 영혼이 가장 고귀한 기능을 수행하는 장소인 셈이다. 혈액의 보다 투박한 구성요소들로부터 떨어져 나와 완전 정제되는 곳이 바로 뇌이기 때문이다. 결과적으로는 이로부터 영혼의 존재를 부정하는 사람들도 생기기 시작했다.

이상이 바로 고대 철학자들이 영혼에 대해 품고 있던 중요한 생각들이다. 이제 그것들을 보다 뇌리에 와닿게 하기 위해 유형의 것과 무형의 것으로 나누어 살펴보자.

§. 2.

피타고라스와 플라톤은 영혼이란 무형적이라고, 즉 일정한 몸체의 도움 없이 존재할 수 있고 저 혼자 이동할 수 있는 그 무엇이라고 했다. 아울러 동물들 각각이 가진 모든 영혼은 이 세상 전체의 영혼을 구성하는 부분들이라고도 했다. 이러한 부분들은 형체가 없으며 사멸하지도 않고, 그것이 모여 이루는 세계의 총체적 영혼과 본질적으로 똑같다는 주장이었다. 마치 하나의 큰 불길에서 수많은 불꽃들을 분리해낸다 해도 화염의 본질은 동일하듯이 말이다.

§. 3.

　이들 철학자는, 알고 보면 언제나 스스로 움직이고 있는, 그래서 이 세상 모든 움직임의 근원이 됨과 동시에 눈에 보이지 않는, 어떤 비물질적인 실체로부터 온 우주가 생명을 부여받는다고 믿었다. 물론 그 실체야말로 그를 구성하는 모든 영혼들의 원천임은 두말할 필요도 없을 것이다. 그런데 이 영혼이라는 것들은 워낙 순수한 데다 형체를 무한정 초월하기에 직접적으로 육체와 결합하지는 못한다고 한다. 다만 아주 어렴풋한 형체부터 시작해 조금씩 투박한 형체를 거치는 식으로 계속해서 구체화되어 가다가, 마치 지하 감옥이나 무덤 안으로 기어들어 가는 것처럼, 급기야는 동물의 감각적인 몸뚱어리와 결합한다는 것이다. 그리하여 영혼의 죽음이 곧 육체의 삶이 되는 셈이며, 그 안에서 영혼은 마치 매장된 듯이 묻혀 있어, 자신의 가장 고귀한 기능을 극히 미약하게밖에는 발휘할 수가 없다. 반대로 육체의 죽음은 영혼의 삶이 되는데, 이때 영혼은 자신의 감옥으로부터 탈출해 물질을 벗어버림으로써 처음 생겨났던 세계의 영혼과 결합한다. 결국 이와 같은 생각을 따를 경우, 동물의 모든 영혼은 동일한 본질을 가지며, 그 기능이 제각각인 것은 각자가 취하고 있는 육체의 서로 다름에서 기인하는 것이 된다.

　한편 아리스토텔레스는 세계의 영혼 말고도 모든 인간에

게 공통인 보편적 이성(理性)의 존재를 인정하고 있다. 이는 각 개인이 가지고 있는 개별적 이성이 보기에 마치 눈[目]에 대한 빛의 존재와도 같은 것이다. 즉 빛이 모든 사물을 보이게 만드는 것과 마찬가지로 보편적 이성은 사물들을 인지 가능하게 만들어준다. 이 철학자는 만물의 원리로서 네 개의 원소를 설정하는데, 그중 어떤 원소에 영혼이 작용하는지는 도저히 밝혀낼 수가 없었다. 그리하여 결국 다섯 번째의 원소가 따로 있어 그로부터 영혼이 비롯된다는 주장을 펼치게 된다. 그는 이 다섯 번째 원소에 어떤 명칭도 부여한 바가 없다. 다만 영혼에는 새로운 이름을 부여해서, 영원히 움직이는 힘 혹은 지속적인 운동 자체를 의미하게 했다. 그는 영혼이란 우리를 살아가게 만들고, 느끼게 해주며, 이해하고, 움직이게 만들어주는 것이라고 정의했다. 그러나 영혼의 고귀한 기능들을 담당하는 원리가 무엇인지, 영혼들이 유래된 근원이란 과연 어떤 것인지에 대해서는 아무 말도 남기지 않았으므로, 영혼의 본질을 둘러싼 우리의 의혹을 밝히기엔 한계가 있다.

§. 4.

디카이아르쿠스와 아스클레피아데스, 그리고 갈레노스*도

---

*　　디카이아르쿠스(Dǐcæárchus, BC 347-285), 아스클레피아데스(Asclé

위에서 언급한 양상과는 다르지만, 어느 정도까지는 형체를 갖지 않은 영혼을 믿었다. 요컨대 그들은, 영혼이란 육체의 모든 부분들이 조화를 이룬 상태에 다름 아니라고 말했다. 즉 온갖 정신과 기분들, 각 부분별 기질과 요소들의 정확한 융합으로부터 이끌어져 나오는 것이 영혼이라는 얘기다. 따라서 건강이 비록 육체 안에 깃든 것이지만 건강한 육체의 어느 일부가 아니듯이, 영혼 역시 동물 속에 내재하지만 그 때문에 동물 신체의 일부라고는 말할 수 없다고 했다. 대신 신체 모든 부분들의 적절한 상호조화가 영혼이라는 논지다. 여기서 주목해야 할 점은, 이 저자들이 자신의 의도와는 상반된 원리에 입각해서 무형의 영혼을 믿고 있다는 사실이다. 왜냐면 영혼이 육체는 아니되 육체와 불가분의 관계에 있는 무엇이라는 말은 곧 그것이 지극히 육체적이라는 얘기나 마찬가지기 때문이다. 자고로 육체적이라는 표현은 꼭 육체에만 적용되는 게 아니라, 물질과 불가분의 관계에 있는 모든 형태와 현상에 두루 해당하는 것이다.

　이상 열거한 사람들은 모두 무형적이고 비물질적인 영혼을 믿는다는 공통점이 있으면서도, 보다시피 그들 사이에서 이렇

---

píades, BC 124-40). 갈레노스(Galenos, 131-201). 이들은 모두 그리스의 철학자이자 의학자다.

다 할 일치점을 찾을 수 없다. 따라서 그들의 주장은 그리 신뢰할 만하지 못하다는 결론이 나온다. 이제 "영혼이란 몸이다"라고 가르친 사람들을 만나볼 차례다.

§. 5.

디오게네스는 영혼이 공기로 이루어져 있으며, 호흡의 필요성은 바로 그로부터 나온다고 믿었다. 그는 영혼이란 입을 통해 넘나드는 공기며, 허파의 운동으로 심장에 보내져 데워진 다음, 거기로부터 신체 구석구석으로 분산된다고 했다.

스토아학파를 창시한 제논은 영혼과 정신이 하나의 불[火]이라고 믿었다. 레우키포스와 데모크리토스 역시 제논의 뒤를 이어 영혼이란 불이라고 했다. 다만 덧붙이기를, 불과 마찬가지로 영혼도 원자들로 구성되어 있으며, 그것들이 몸속 구석구석까지 쉽게 침투해 몸 전체를 움직이게 만든다는 것이었다.

히포크라테스는 영혼이 물과 불의 혼합물이라고 했고, 엠페도클레스는 네 가지 원소로 구성되어 있다고 했다.

에피쿠로스도 데모크리토스와 마찬가지로 영혼이 불로 이루어져 있다고 믿었다. 다만 덧붙이기를, 그 구성물 속에 수증기와 더불어 공기가 개입하고, 그 밖에도 아직 이름은 없지만, 감정의 원리가 되는 또 다른 물질이 들어간다고 했다. 이와 같은 네 가지 서로 다른 원소로부터 아주 섬세한 정신이 만들어

저서 신체 각 부분으로 퍼져 나가는데, 이를 두고 영혼이라 불러 마땅하다는 얘기다.

철학자이자 음악가였던 아리스톡세누스*는 영혼이란 신체의 각 부분들이 어우러지는 조화거나, 사람의 다양한 목소리와 악기들이 일궈내는 일종의 화음과도 같다고 했다.

이상의 철학자들이 공통적으로 지적한 것은 영혼이 육체와 더불어 성하고 쇠한다는 것이었다. 즉 어린 시절의 영혼은 나약하고, 성숙할수록 활발해지며, 노년에 접어들어서는 노망이 들기 마련이다. 취기 속에서 영혼은 어리석어지고, 병중에는 기진맥진한 상태에 빠진다. 이들은 영혼이 육체적이라는 발상을 넘어, 대체로 페레퀴데스 이전에 살았던 철학자들과 마찬가지로 죽는다는 생각에까지 이르렀다. 》페레퀴데스는 시로스 섬 태생으로 로마의 여섯 번째 임금인 세르비우스 툴리우스 치세에 살았다. 키케로(『투스쿨라나룸 담론(談論)』 제1권)에 의하면, 그는 영혼불멸을 주장한 최초의 철학자였던 것 같다. 생전에 피타고라스는 그를 추종하며 타르퀴니우스 수페르부스 폭정(暴政)하의 이탈리아에까지 와서 그의 제자가 되었다고 한다. 그로부터 100여 년이 지나, 플라톤은 이탈리아를 여행하면서 필롤라우스, 아르퀴타스, 티마이오스 등이 포함된 피타고라스학파 철학자들과 교류한 뒤, 영혼불멸에 관한 피타고라스의 사상에 심취하는가 하

---

*   Aristóxĕnus(기원전 4세기경). 아리스토텔레스의 제자기도 하다.

면, 그런 이해의 바탕이 되는 새로운 논리를 개발해내기도 했다.

§. 6.

키케로에 따르면,[67] 크세노크라테스는 영혼의 존재를 부정했다고 한다. 또 디카이아르쿠스는 페레라테스라는 노인의 입을 통해, 영혼이란 아무것도 아니며 그저 하나의 공허한 이름일 뿐 아무 의미도 없다고 했다. 인간이든 짐승이든 그 안에는 정신도 영혼도 없다는 얘기다. 우리로 하여금 행동하고 사고하게 만드는 힘이란 결국 모든 살아 있는 것들 속에 똑같이 존재하며, 육체와는 불가분의 관계에 있고 육체 그 자체에 다름 아니되, 자연이 부여한 각각의 체질에 따라 존속하도록 살짝 변형이 가해졌을 뿐이라는 것이다.

§. 7.

데카르트 선생은, 참 민망스럽지만, 영혼이란 결코 물질적인 것이 아니라고 주장했다. 내가 '민망스럽지만'이라고 한 건, 이 문제에 관한 한 세상 어느 철학자도 이 대단한 인물만큼 서툰 사고력을 보여주지 않았기 때문이다. 영혼의 비물질성을 증명하기 위해 이 사람이 과연 어떤 논리를 펼쳤는지 살펴보기로 하자.

우선 그는 모든 육체의 존재를 회의(懷疑)해서, 세상에 육체라는 것은 없다고 믿어야 한다고 말했다. 그러고는 다음과 같은 식으로 추론을 이어갔다. 즉 육체란 없다. 그런데 나는 있다. 따라서 나는 육체가 아니다. 그렇다면 결국 나는 사고를 하는 어떤 실체일 수밖에 없다.

이를 놓고 볼 때, 첫째 그가 내세운 회의는 그 자체가 완전히 불가능한 것이다. 왜냐면 이따금 육체에 대한 생각을 하지 않을 수는 있겠지만, 일단 그 생각을 하는 이상 육체가 있다는 것을 의심하기란 불가능하기 때문이다.

둘째, 누구든 육체가 없다고 믿는다면, 그는 자기가 육체를 갖지 않았다고 확신해야만 할 것이다. 아무도 자기 자신을 의심할 수는 없으니까. 한데 그가 그런 확신을 한다면, 그의 회의 자체가 무용지물이 된다.

셋째, 그가 영혼이란 사고를 하는 하나의 실체라고 말할 때, 사실 그건 전혀 새로운 얘기가 못 된다. 누구나 그 점에는 동의하고 있기 때문이다. 문제는, 사고를 하는 그 실체가 과연 어떤 것이냐를 명확히 규정하는 일이다. 이에 대해서 그는 아무런 설명도 해주지 못하고 있다.

§. 8.

그가 했던 것처럼 에둘러 말할 것까지도 없이, 영혼에 대해서 가능한 한 가장 온전한 개념을 제시하기 위해, 우리는 무엇보다 그것이 인간이든 동물이든 똑같은 본질을 지니고 있으며, 그 다양한 기능들은 오로지 유기체의 기관(器官)과 기질의 차이점으로부터 파생된다는 점을 강조하고자 한다.

제20장

영혼이란
바로 이런 것이다

§. 1.

아무래도 이 세상에는 아주 섬세한 정신, 혹은 지극히 예민하면서 활동적인 물질이 태양으로부터 생겨나와, 세상의 다른 모든 몸체 안으로 그 특성과 조직에 따라 널리 확산되어 있는 것만은 확실한 것 같다.

그것이야말로 세상의 영혼이라는 것이며, 바로 그것이 세상을 다스리고 세상을 살리면서, 세상을 구성하는 모든 부위마다 일정한 양이 속속들이 스며들어가 있는 것이다.

§. 2.

이 영혼은 우주 전체를 통틀어 가장 순수한 불이며 자기 스스로는 결코 타버리지 않는다. 대신 자신이 스며든 다른 몸체의 입자들에 서로 다른 움직임을 부여하는 가운데, 그것들을 통해 불이 붙고 그 열기를 느끼게 해준다.

우리 눈에 보이는 불꽃은 공기보다 이런 영기(靈氣)를 더 많이 함유하는 셈이며, 공기는 물보다 더 많이 함유하고, 물은 흙

보다 더 많이 함유한다. 이들의 혼합물인 경우, 식물은 광물보다 많은 양을 함유하고, 동물은 또 식물보다 더 많이 함유하고 있다.

요컨대 육체 안에 갇혀 있는 이 불은 바로 육체로 하여금 느끼고 사고할 수 있게 해준다. 결국 이런 것을 일컬어 영혼이라 하며, 혹자는 이를 두고 육체의 각 부분들에 속속들이 퍼져나가는 동물정기(動物精氣)라고도 부른다.

§. 3.

모든 동물들 속에서 같은 본질을 지니는 한, 이 영혼이라는 것이, 짐승과 마찬가지로, 인간의 죽음을 맞아 깨끗이 흩어져 사라진다는 것 또한 확실하다. 따라서 시인이나 신학자들이 저 세상에 대해 실컷 노래해온 내용은 한낱 망상일 뿐이며, 애써 그런 걸 꾸며내 헛소리를 늘어놓는 이유는 살펴본 바대로, 어렵지 않게 눈치챌 수 있다.

제21장

다이몬(Daemón) 이라 부르는 정령들에 대하여

§. I.

정령에 대한 믿음이 인간들 사이에 어떻게 스며들어 있는지 다양한 양상을 살피고, 정령들이 단지 상상 속에만 존재하는 허깨비라는 사실을 지금까지 광범위하게 거론해왔다. 하지만 워낙에 인간의 종교가 그런 믿음을 토대로 하고 있기에 우리는 이 문제를 좀더 심도 깊게 다루는 것이 적절하다고 판단했다.

이를 위해 우리는 우선 이교문명권에 속한 시인과 철학자들이 정령에 대해 어떤 믿음을 가지고 있었는지를 점검해보고, 바로 그들로부터 유대인의 정령신앙이 이끌어져 나왔으며, 그 유대인의 신앙이 다시 기독교도의 정령에 대한 입장에까지 이르렀음을 밝히겠다. 그리하여 결국엔 기독교도를 대상으로, 바로 그들 자신의 원리에 입각해서, 악마란 존재하지 않는다는 사실을 입증해보일 것이다.

§. 2.

고대의 철학자들은 일반 민중을 상대로 유령이라는 것이 어떤 존재인지를 확실히 설명해줄 만큼 깨어 있지는 못했다. 그럼에도 불구하고 자기들의 생각이 어떤지는 줄기차게 이야기했다. 유령들이 속절없이 흩어져 사라지고 그 어떤 몸집도 가지지 않는다는 사실에 주목한 사람들은, 그것이 비물질적이고 몸체를 지니지 않았으며 질료가 없는 형태, 즉 색(色)이랄 수도 없는 색깔, 형상이랄 수도 없는 형상을 가진 존재라면서, 인간의 눈앞에 자신을 드러내고 싶을 때만 마치 옷을 입듯 공기를 덮어쓴다고 표현했다. 그런가 하면, 다른 사람들은 유령이 분명 살아 숨 쉬는 몸체를 가지고 있되, 그 몸체라는 것이 공기와 더불어 보다 섬세한 어떤 물질로 이루어진 터라, 사람 눈에 띄고 싶을 때만 제멋대로 농도를 조절해서 자신을 드러낸다고 했다.

§. 3.

이들 두 부류의 철학자들은 유령에 대한 견해에서 상반된 입장을 취하면서도 그것에 부여하는 이름에서만큼은 서로 합치한다. 즉 모두가 예외 없이 다이몬이라는 이름을 사용한 것이다.*

　이렇게 다이몬을 들먹거리는 철학자들이란, 잠을 자면서 죽은 자의 망령을 본다고 믿거나, 거울 속을 들여다보며 자기 자신의 영혼을 본다고 믿는 사람들, 물 위에 비친 별빛이 곧 별들의 영혼이라고 믿는 사람들과 하나 다르지 않게 어처구니없는 오류 속을 헤매는 꼴이다.

§. 4.

　이런 바보 같은 상상 못지않게 두고 봐주기 어려운 오류가 또 있는데, 유령들에게 무한한 능력이 있다고 철석같이 믿는다는 점이다. 정말 말도 안 되는 믿음이지만, 자기가 모르는 것 속에는 뭔가 엄청난 능력이 숨어 있을 거라 막연히 넘겨짚기 일쑤인 무지한 자들에게는 그 또한 아주 흔한 믿음이다.

§. 5.

　이런 믿음의 어리석은 점은, 지상의 절대권자들이 자신의 권위를 지탱하기 위해 잽싸게 활용한 만큼, 낱낱이 폭로될 기

＊　　불어 원문으로는 데몬(Demon)이다. 하지만 고대 그리스인들이 붙인 이름인 점을 고려해, 그리스식 발음을 살려 다이몬(Daemôn)으로 표기했다. 이 책의 경우, 특별히 철학적인 의미로 해석하기보다는 때에 따라서 정령, 유령, 귀신 혹은 마귀 등으로 이해해도 무방할 것이다.

회를 가진 적이 없다는 것이다. 그들은 정령의 존재를 들먹이는 믿음을 종교라 부르며 일으켜 세웠는데, 앞에서 이미 여러 차례 암시했다시피 고대의 어느 유명한 역사가의 표현대로,[*] 보이지 않는 권능에 대한 대중의 막연한 두려움을 가지고 대중을 속박하기 위함이었다. 아울러 이를 보다 효과적으로 수행하기 위해 선한 다이몬과 악한 다이몬을 구별했으며, 전자는 대중으로 하여금 자기들의 법을 잘 지키도록 독려하기 위해, 후자는 대중의 일탈 가능성을 제지하고 얽매어 놓기 위해 십분 활용했다.

하지만 다이몬이라고 하는 존재를 제대로 파악하기 위해서는 고대 그리스 시인들 작품만 읽어도 충분할 것이다. 특히 신들의 탄생과 계통을 광범위하게 다룬 헤시오도스의 『테오고니아[神統記]』를 말이다.

§. 6.

---

[*] 폴뤼비오스를 말한다. 그는 현명한 사람들로만 하나의 공화국을 이룰 수 있다면, 신과 지옥에 관련한 터무니없는 이야기들은 전혀 쓸모없어질 것이라고 했다. 하지만 보다시피 온갖 사악하고도 무질서한 짓거리들에 빠지기 쉬운 백성으로 그득하지 않은 나라가 없으니, 그들을 억누르기 위해서는 종교가 부과하는 상상 속의 두려움과 저 세상에 대한 공포심을 당연히 활용해야만 할 것이다. 결국 그런 목적하에 고대인들이 종교를 끌어들인 것은 매우 신중한 처사였다는 얘기다.

그리스인들이야말로 다이몬이라는 존재를 생각해낸 최초의 장본인들이었다. 그들은 아시아와 이집트, 이탈리아에서의 승리와 식민지 건설에 힘입어 어디서나 그런 생각을 맘껏 퍼뜨릴 수 있었다.

이후 알렉산드리아와 다른 곳에 흩어져 있던 유대인들이 다이몬이라는 존재에 대해 알게 되었다. 그들 역시 다른 종족들과 마찬가지로 그 존재를 유용하게 써먹었다. 다만 그리스인들처럼 선한 정령과 악한 정령에게 모조리 다이몬이라는 이름을 갖다 붙이지는 않았다. 오로지 악한 정령에게만 그 이름을 적용했으며, 선한 다이몬에게는 따로 성령(聖靈)이라는 이름을 붙이면서, 그런 영(靈)을 지닌 자들을 예언자(선지자)라 불렀다. 나아가 그들은 크나큰 선(善)으로 인식되는 것을 성령이라 부름과 동시에, 그와 반대로 지독한 악(惡)으로 여겨지는 모든 것에는 악령(惡靈)이라는 명칭을 부여했다.

§. 7.

선한 정령과 악한 정령에 대한 이러한 구분법은 우리가 흔히 정신병자, 미치광이, 심지어 간질환자로 분류하는 사람들, 더욱이 알아듣지 못할 언어를 구사하는 사람들까지 '악마적(démoniaque)'이라 칭하도록 만들었다. 생김새가 기형이거나 청결하지 못한 사람은 그들이 보기에 더러운 정령에 사로잡힌 존재였고, 벙어리는 벙어리 정령에 사로잡힌 존재였다. 요컨대 이런 식으로 정령이나 다이몬이라는 용어는 무척 친숙한 어휘가 되어 어떤 경우든지 제멋대로 입에 오르내리게 되었다. 이렇게 보면 유대인들 역시 그리스인들처럼, 정령이란 단순한 망상이나 허상이 아니라 인간의 상상과는 별개로 실재하는 존재라고 믿은 것이 틀림없다.

§. 8.

이러다 보니 성서는 '정령', '마귀(다이몬)', '악마적'이라는 단어가 득실거리는 지경이 되고 말았다. 그러면서도 그런 단어들이 언제, 어떻게 생겨났는지에 대해서는 어디에도 언급을 찾아볼 수 없다. 이는 소위 천지창조를 논하고 인간과 짐승의 탄생을 떠벌린 모세의 입장만으로도 도저히 묵과할 수 없는 결함이라 하겠다. 아울러 예수 그리스도라고 이 문제에서 모세보다 과오가 가볍지는 않을 것이다. 그는 선한 정령에다 악한 정령, 천사들까지 틈만 나면 주워섬기면서도 단 한 차례 그것들이 물질적인 존재인지, 비물질적인 존재인지 설명한 적이 없으니 말이다. 이는 곧 그들 역시 그리스인들이 선조로부터 배워 안 것 이상을 알지 못했다는 사실을 반증한다. 만약 그 이상을 알고 있었다면, 이는 사람들에게 줄 수 있다고 강변해온 모든 신심(信心)과 미덕을 애초에 허용해주지 않았을 경우 비난받아

마땅한 것 못지않게, 그들에게 알고 있는 바를 제대로 가르쳐 주지 않은 것으로 엄청난 비난을 감수할 일이다. 아무튼 정령이라는 존재를 가만히 들여다보면, 그게 다이몬이든 사탄이든 악마든 각기 어떤 개별적 존재를 지칭하는 고유명사가 아님은 분명하거니와, 그런 어휘들을 만들어낸 그리스인들이나 그를 차용한 유대인들 가운데서조차 글자 그대로 존재를 믿는 사람들은 오로지 무지한 자들뿐이라는 사실 또한 확실하다.

그와 같은 단어들에 물들기 시작하면서부터 유대인들은 나름대로 그 의미를 응용해 사악하고, 기만적이고, 교활하고, 적대적이고, 중상모략을 일삼고, 파괴적인 모든 대상에 제멋대로 적용했다. 때로는 보이지 않는 힘들에 대해, 때로는 이교도들처럼 현실에서 대적하고 있는 상대에 대해 말이다. 신의 왕국에 거주할 수 있는 유일한 종족인 자신들과 달리 이교도들이야말로 진정 사탄 왕국의 거주자들이 아니겠는가.

§. 9.

예수 그리스도 또한 유대인이었고, 결국 자기 민족이 그리스인들로부터 끌어온 한물간 개념들에 흠뻑 젖은 상태였는지라, 복음서들과 제자들의 나머지 글들 전체에서 악마나 사탄, 지옥 등등의 어휘가 넘쳐날 정도로 많다. 그걸 보고 있노라면 실제로 존재하는 대상을 언급하고 있다는 착각이 들 정도다.

하지만 이미 살펴보았듯, 그처럼 망상에 휘말린 어휘들도 더 없을 거라는 점 또한 엄연한 사실이다. 그럼에도 불구하고 우리가 지금까지 이야기한 내용만으로는 어딘지 충분치 않다고 한다면, 이제 덧붙일 몇 마디 얘기에는 제아무리 완고한 자들이라도 고개를 끄덕이지 않을 수 없을 것이다.

모든 기독교도들은 유일신인 하느님이 제I의 원리요, 만물의 근원이며, 모든 것들을 창조하시고 보호하신다는 것, 그런 그분의 도움 없이는 모든 만물이 무(無)라는 구렁텅이로 추락하고 말 거라는 점에 동의한다. 바로 그러한 논리에 따르자면, 신이 다른 모든 피조물들과 마찬가지로 악마와 사탄이라 불리는 존재 역시 만들어낸 게 분명하다. 애당초 그것들을 선하게 만들었는지 악하게 만들었는지는 지금 문제가 되지 않는다. 오로지 앞의 논리를 그대로 따라, 온통 사악함만을 드러내는 이들 존재가 신이 허용하거나 잔뜩 원해서 손을 댄 결과물일 수밖에 없다는 사실이 중요하다. 한데, 신이 자신을 끈질기게 저주하고 죽도록 미워하는 어떤 피조물을 그대로 존속시킨다는 사실은 과연 어떻게 이해할 수 있을까? 더군다나 신의 친구들까지 꾀어내 한데 입을 모아 저주를 퍼부으려고 기를 쓰는 존재를 말이다. 할 수 있는 최악의 짓을 저지르고, 틈만 나면 신의 권좌에 도전하는가 하면, 사랑하는 양 떼를 호시탐탐 떼어놓으려 하는 악마를 신이 계속해서 상대하고 보존하며 그대로 방치하는 상황을 과연 어떻게 이해하겠느냐는 말이다. 정녕 이렇게 하는 신의 목적은 무엇일까? 아니, 악마와 지옥에 대해 말하면서 정말로 우리에게 얘기하고자 하는 게 무엇인가? 신이란 전능하고 신 없이는 아무것도 이루어질 수 없는 거라면, 악마가 신을 증오하고 저주하며 신의 친구들을 앗아가 버리는 일은 어떻게 일어나는 것일까? 그런 일들에 신이 동의를 한 것일까, 아닐까? 만약 동의를 한 거라면, 악마는 신을 저주함으로써 자신이 해야만 하는 일을 하는 것일 뿐이다. 악마가 무엇을 행해도 신이 원하는 것밖에는 할 수 없기에, 결국 신을 저주한 건 악마가 아니라 신 자신이며 단지 악마의 입을 빌렸을 뿐일 텐데, 정말이지 내 생각엔 얼토당토않은 얘기일 수밖에 없다. 반대로, 신이 동의한 것이 아니라면 신이 전능하다는 말은 사실이 아닌 게 된다. 그리고 신이 전능하지 않다면 만물을 주관하는 데 한 가지 원리만이 아니라 둘을 인정해야만할 것이다. 하나는 선이고 다른 하나는 악이다. 즉 하나가 어떤 일을 주관하면 나머지 하나는 그와 정반대를 원하고 도모하는 식으로 말이다. 자, 이와 같은 추론이 도달하는 곳은 과연 어디일까? 두말할 것 없이, 이 세상엔 신도, 악마도, 영혼도, 천국도, 지옥도 이제까지 묘사되어온 방식으로는 존재하지 않는다는 고백일 것이다. 아울러 신의 계시가 내렸다며 허무맹랑한 이야기를 둘러대던 자들, 즉 신학자들이란 일부 무지한 치들을 제외하면, 모두 가짜 신앙으로 무장한 자들이며, 자기들 구미에 맞는 생각들만 대중에게 슬그머니 주입시키기 위해 어리석음을 교활하게 악용한 자들임을 인정해야 할 것이다. 애당초 그들 생각에, 세상의 범인(凡人)이란 항상 허망한 생각에 휘둘릴 뿐이며, 지혜와 진실의 소금이기는커녕 공허와 광기의 쉰 맛으로 찌든 빵이어야만 무난히 먹여 살릴 수 있는, 하찮은 존재들이었던 것이다.

사실 진실은 대중을 위한 것이 아니며, 대중은 도저히 진실을 이해할 수 없다는, 참으로 어처구니없는 신조에 저들이 흠뻑 취한 지는 꽤 오래되었다. 그럼에도 불구하고 이 조촐한 글에서 살펴보았듯, 저런 불의에 과감히 항거하는 성실한 지식인의 목소리가 어느 시대나 끈질기게 있어온 것 또한 사실이다.

진실을 아끼는 사람이라면 그러한 사실만으로도 상당한 위안을 얻을 수 있으리라. 우리는 이 책이 바로 그런 독자의 마음에 들었으면 한다. 그 밖에 허접한 편견과 선입관으로 무소불위의 신탁을 대신하는 인간들이 어찌 나올지는 전혀 개의치 않는 바이다.

인용 문헌(미주)

1 「민수기」 25장 2절-9절

2 「열왕기 상」 22장 19절

3 「다니엘서」 7장 9절

4 「에제키엘」 1장 27절

5 「마태오복음」 3장 16절

6 「사도행전」 2장 3설

7 「창세기」 1장 26절

8 「히브리서」 11장 27절

9 「요한복음」 1장 18절

10 「출애굽기」 33장 20절

11 「창세기」 32장 30절

12 「욥기」 42장 5절

13 「출애굽기」 24장 9절-10절

14 「판관기」 13장 22절

15 「마태오복음」 5장 8절

16 「고린토 전서」 13장 12절

17 「요한 1서」 3장 2절

18 「에제키엘」 18장 23절-30절

19 「신명기」 28장 63절

20 「잠언」 1장 26절-28절

21 「창세기」 4장 7절

22 「로마서」 7장 18절, 9장 10절, 16절

23 「출애굽기」 20장 5절

24 「에제키엘」 18장 20절

25 「민수기」 23장 19절

26 「사무엘 상」 15장 29절

27 「예레미아」 18장 7절-10절

28 「요엘」 2장 13절

29 「창세기」 6장 6절-7절

30 「사무엘 상」 15장 10절-11절

31 「요나」 3장 10절

32 「창세기」 3장 1절-5절

33 「민수기」 22장 29절-30절

34 「창세기」 19장 26절

35 「다니엘」 4장 32절-36절

36 「판관기」 14장-16장

37 「열왕기 상」 17장, 19장, 「열왕기 하」 2장

38 「요나」 2장

39 「출애굽기」 7장 1절

40 「열왕기 하」 2장 1절-18절

41 「요한복음」 8장

42 「마태오복음」 22장 17절-22절

43 「마태오복음」 24장 4절, 24절-26절. 「데살로니카 후서」 2장 3절-10절. 「요한 1서」 2장 18절

44 「데살로니카 후서」 2장 7절

45 「고백록」 제7권 9장, 20장

46 「고백록」 제7권 9장, 22장

47 「창세기」 19장 1절-29절

48 『켈수스에 대한 반론』 제6권

49 「루가복음」 18장 18절-27절

50 「루가복음」 6장 1절

51 「루가복음」 9장 52절-53절

52 「요한복음」 20장 18절

53 「창세기」 28장 10절-22절

54 「마태오복음」 17장 20절

55 플루타르코스, 『세르토리우스
   전기』

56 「사도행전」 14장 11절-13절

57 「사도행전」 14장 19절-20절

58 호라티우스, 『시론(Ars
   poetica)』

59 세네카, 『행복론(De vita
   beata)』 28장

60 유스티누스, 『필리포스의 역사』
   1권 11장

61 페트로니우스, 『사티리콘
   (Satyricon)』

62 퀸투스 쿠르티우스, 『알렉산더
   대왕 정복사』 제4권

63 『티투스 리비우스의 로마사
   첫 10권에 관한 논설(Discorsi
   sopra la prima deca di Tito
   Livio)』

64 『에스파냐 역사』 제6권 5장

65 『에스파냐 역사』 제7권

66 『에스파냐 역사』 제25권 마지막
   장

67 『투스쿨라나룸 담론』 제50권

세 명의 사기꾼   모세·예수·마호메트

1판 1쇄 인쇄   2017년 8월 22일
1판 2쇄 발행   2023년 1월 27일

지은이   스피노자의 정신
옮긴이   성귀수
펴낸이   김영곤
펴낸곳   아르테

출판마케팅영업본부 본부장   민안기
출판영업팀   최명열 김다운
제작팀   이영민 권경민

출판등록 2000년 5월 6일 제406-2003-061호
주소 (우 10881) 경기도 파주시 회동길 201(문발동)
대표전화 031-955-2100 팩스 031-955-2151

ISBN 978-89-509-7175-5   03100
아르테는 (주)북이십일의 문학 브랜드입니다.

(주)북이십일 경계를 허무는 콘텐츠 리더

아르테 채널에서 도서 정보와 다양한 영상자료, 이벤트를 만나세요!
페이스북 facebook.com/21arte   인스타그램 instagram.com/21_arte
포스트 post.naver.com/staubin   홈페이지 arte.book21.com